Essentiel et plus... 1

et plus...

méthode de français

cahier d'exercices

Maité Salcedo

Maité Salcedo

CLE INTERNATIONAL

Coordination éditoriale : E. Moreno

Direction éditoriale : S. Courtier

Conception graphique et couverture : Zoográfico

Dessins : J. Bosch, P. Pelusso, R. Pennelle, H. Thomassen, Zoográfico

Photographies : I. Rovira ; J. C. Munoz ; J. Jaime ; KAIBIDE DE CARLOS FOTOGRAFOS ;
Prats i Camps ; A. G. E. FOTOSTOCK / Al Ley ; A.S.A. / Minden Pictures / M. Breiter /
© Index Stock Imagery ; COVER / CORBIS / M. St. Maur Sheil, C. Hellier ; DIGITALVISION ;
FACTEUR D'IMAGES / F. Malot ; I. Preysler ; J. Carli ; MATTON-BILD ;
SERIDEC PHOTOIMAGENES CD ; COMSTOCK ; HIGHRES PRESS STOCK © Ablestock.com ;
ARCHIVO SANTILLANA

Recherche iconographique : M. Barcenilla

Correction : A. Jouanjus, A.-F. Pueyo

Coordination artistique : C. Aguilera

Coordination technique : J. A. Muela

Direction technique : Á. G. Encinar

Réalisation audio : Transmarato Espectacles, S. L.
Compositions musicales : A. Prio, P. Benages, A. Vilardebò
Enregistrements et montage : Studio Maraton. Barcelona
Assistance à la direction : I. Bres
Direction : A. Vilardebo

Pour cette édition :
Édition : I. Walther
Mise en page : AMG

ISBN: 978-209-038786-5

N° d'éditeur: 10221454
Imprimé en Italie en janvier 2016 par Grafica Veneta
Dépôt légal: Mai 2012

Table des matières

Module 0 · Leçon 0
à L'ORAL

Le français, facile ou difficile ?

1 Écoute et associe chaque micro-conversation à une situation.

 1)

 2)

 3)

 4)

2 Écoute et entoure les mots que tu entends.

1)
eau
minérale crêpe
café thé
croissant
chocolat

2)
comme ci,
comme ça
ça va ?
au revoir
bonsoir
bonjour
salut

3)
génial
difficile
idiot
super
facile
horrible

4)
Pablo
cinéma
téléphone
Jérémie
Marc Sylvie

3 Écoute et entoure les numéros que tu entends.

1	2	3	4	5
6	7	8	9	10
11	12	13	14	15
16	17	18	19	20

À L'ÉCRIT

Surprise nocturne

Marie est dans l'autocar qui va de Paris à Marseille. Elle va voir son papa. C'est la nuit, tout le monde dort... Marie ne peut pas dormir... Elle regarde par la fenêtre.
OHH !!! Qu'est-ce que c'est ??? Un éléphant !!! Un éléphant sur l'autoroute ? Ce n'est pas possible !!!
Elle va parler avec le chauffeur :
– Monsieur ! il y a un éléphant sur l'autoroute !
– Mademoiselle, les éléphants sont au zoo, en Afrique, mais pas sur l'autoroute !
Dormez un peu, vous êtes très fatiguée...
Marie est préoccupée. C'est une hallucination ?
Quand elle arrive à Marseille, elle écoute à la radio : « Le cirque Pandolini a perdu un éléphant sur l'autoroute A7 ! »

4 Lis le texte ci-dessus.

1) Souligne les mots semblables dans ta langue ou dans une autre langue que tu connais.

2) Écris 5 mots que tu ne comprends pas.

3) Propose une traduction pour ces mots.

Écoute ton intuition et fais des déductions. Une nouvelle langue, c'est une aventure !!!

5 Observe les illustrations.

1) Quelles sont les 3 illustrations qui ne sont pas en relation avec l'histoire ?

2) Numérote de 1 à 5 les autres illustrations pour reconstituer l'histoire.

   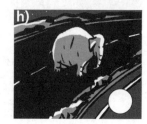

BD : Top secret !

1 Complète le texte. Ensuite, écoute et vérifie.

- _Je m'appelle_ Bond… Jacques Bond !
- ▪ _Salut_ Jacques !
  Comment ça va ?
- Très bien, merci.
- ▪ Tu es prêt pour ta mission, 009 ?
- Oui.
- ▪ Qu'est-ce que c'est ?
- _C'est_ un super stylo caméra.
- ▪ Et ça, _qu'est-ce que c'est_ ?
- Des lunettes infrarouges. *Dibidibibi !*

- Allô, oui ?
- ◆ 3-13-18 !
- D'accord. À _demain_ !
- ▪ Qui _est-ce_ ?
- _C'est_ Claudia, la chef !
- ▪ Qu'est-ce que ça veut dire 3-13-18 ?
  C'est code secret ?
- Oui. Ça veut dire : « Stop ! Finies, les questions ! »
  Au _revoir_ !

2 *Qui est-ce ?* ou *Qu'est-ce que c'est ?* Relie les étiquettes et les illustrations.

QUI EST-CE ?

C'est Bond.

C'est Claudia.

Ce sont des agents secrets.

QU'EST-CE QUE C'EST ?

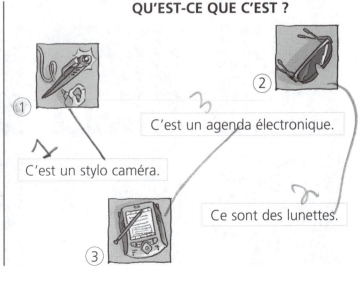

C'est un agenda électronique.

C'est un stylo caméra.

Ce sont des lunettes.

3 Qui est-ce ? Complète.

1) • Qui **est**-ce ? **c'est**
Bond ou **c'est**
l'autre agent secret ?
■ C'est ~~l'autre~~
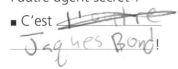
Jaques Bond !

2) • **Qui** est-ce ? **C'est**
une secrétaire ou c'est
Claudia ?
■ C'est **Claudia**
_____ !

3) • **Qui est-ce** ?
C'est Claudia ou **C'est**
Jacques **Bond** ?
■ C'est **Jaques**
Bond !

4 Relie la question à la réponse.

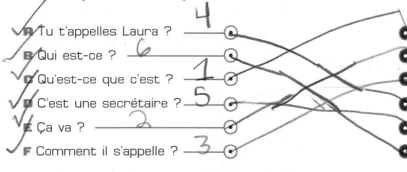

A Tu t'appelles Laura ? — **4**
B Qui est-ce ? **6**
C Qu'est-ce que c'est ? **1**
D C'est une secrétaire ? **5**
E Ça va ? **2**
F Comment il s'appelle ? **3**

C
E
F
A
D
B

1 C'est un agenda électronique.
2 Très bien, merci.
3 Il s'appelle Jacques.
4 Non, Sandra.
5 Non, c'est Claudia, la chef.
6 C'est Bernard.

5 Reconstitue les dialogues pour chaque situation à l'aide de la boîte à mots.

Boîte à mots

Bonjour, docteur. ✓
Au revoir. ✓
Bonjour, Madame. ✓
Comme ci, comme ça.
Salut ! ✓
Comment ça va ? ✓
À demain. ✓

6 Écoute bien. Tu entends le son [y] de *salut* ?

	1	2	3	4	5	6	7	8
Oui	X							
Non								

7 Complète.

• Comment **elle** s'appelle ?
■ Elle **s'** appelle Julie.
• ~~Comment ça~~ appelles comment ? **Tu t'**
■ **Je** **m'** appelle Bruno.

il s'

Prête pour la rentrée

1 Le petit dico du matériel de classe.

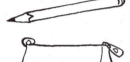
1) _____ un _____ crayon

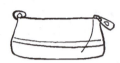
2) _____ une trousse

3) _____ une règle

4) _____ un stylo

5) _____ un feutre/fluo

6) _____ la calculette

7) _____ un sac

8) _____ un stylo

9) _____ un tube de colle

10) _____ une gomme

11) _____ un taille crayon

12) _____ un classeur

13) _____ un livre

14) _____ des ciseaux

15) _____ un agenda

16) _____ un cahier

2 *Le* [lə] ou *les* [le] ?

	1	2	3	4	5	6
Le	X					
Les						

4 *Un* [œ̃] ou *une* [yn] ?

	1	2	3	4	5	6
Un						
Une	X					

3 *Le* ou *les* ? Écoute et écris.

1) __le__ garçon
2) _____ filles
3) _____ professeurs
4) _____ livre de maths
5) _____ stylos
6) _____ feutre
7) _____ lunettes
8) _____ crayon

5 *Un* ou *une* ? Écoute et écris.

1) __une__ candidate
2) _____ question facile
3) _____ sac de sport
4) _____ bonne réponse
5) _____ crayon
6) _____ taille-crayon
7) _____ calculette
8) _____ classeur

Samuel = 6   Paul = 3
Laure = 5   Luc = 4
Aurélie = 2   Patrick = 1

6 Retrouve les propriétaires. a) Utilise des crayons de couleur.

SAMUEL ①   LAURE ② Aurélie   PATRICK ●

crayon   livre   stylo

④   ⑤   ⑥   gomme
AURÉLIE   LUC   PAUL
trousse   Samol

b) Maintenant, complète les phrases.

1) Le n° 1, qu'est-ce _que_ c'est ?
   C'est une _Calculette_ ! C'est la
   Calculette de Patrick.

2) Le n° 2, qu'est-_ce_ que _c'est_ ?
   C'est _trousse_ ! C'est _la_
   trousse d' _Aurélie_ .

3) Le n° 3, qu'est-ce _que c'est_ ?
   C'est ~~une~~ _la gomme_ !
   C'est _la gomme de Paul_ .

4) Le n° 4, qu'est-ce _que c'est_ ?
   C'est _un stylo_ !
   C'est _le stylo de Luc_ .

5) Le n° 5, _qu'est ce que c'est_ ?
   C'est _____ !
   C'est _____ .

6) Le n° 6, _____ ?
   C'est _____ !
   C'est _____ .

7 Souligne la phrase que tu entends.   Maïté is the best

1) a) des livres de mystère
   b) <u>les livres de mystère</u>
   c) le livre de mystère

2) a) les bonbons à la menthe
   b) des bonbons à la menthe
   c) le bonbon à la menthe

3) a) des jeux électroniques
   b) les jeux électroniques
   c) le jeu électronique

4) a) des livres de français
   b) les livres de français
   c) le livre de français

5) a) le numéro de téléphone
   b) les numéros de téléphone
   c) des numéros de téléphone

6) a) les concours à la télé
   b) le concours à la télé
   c) des concours à la télé

8 Écris les couleurs qui manquent.

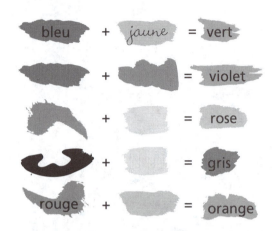

bleu + *jaune* = vert

+ = violet

+ = rose

+ = gris

rouge + = orange

9 Écoute bien. Tu entends [ø] de *bleu* ou [o] de *stylo* ?

	1	2	3	4	5	6	7	8
[ø]	X							
[o]								

10 PARLE DE TOI. Complète.

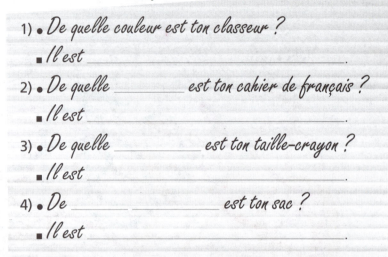

1) • *De quelle couleur est ton classeur ?*
   ▪ *Il est* _____

2) • *De quelle _____ est ton cahier de français ?*
   ▪ *Il est* _____

3) • *De quelle _____ est ton taille-crayon ?*
   ▪ *Il est* _____

4) • *De _____ _____ est ton sac ?*
   ▪ *Il est* _____

11 Dictée. Écoute et complète.

Je suis b^eau avec mon chap_____, dit l'escarg_____t.

D_____x f_____tres bl_____s, c'est p_____ !

12 Colorie les cases et découvre les objets cachés.

1 blanc • 2 vert • 3 bleu • 4 jaune • 5 rouge • 6 noir • 7 marron • 8 orange • 9 rose

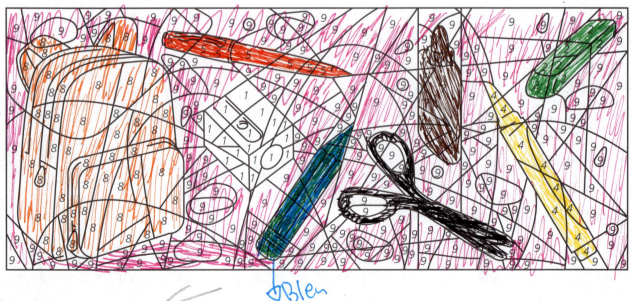

Bleu

13 Recopie les objets trouvés à côté de l'article correspondant.

1) un taille-crayon   3) un crayon   5) un stylo   7) un marron / tube de colle

2) une gomme   4) un ~~fentre~~ Fentre   6) des ciseaux   8) un orange / sac

Module 1 Leçon 3

En cours de langue

1 Relie la question à la réponse.

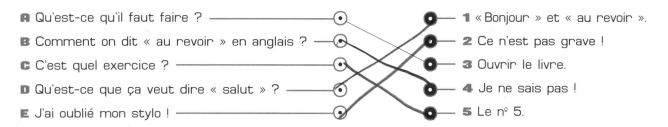

A Qu'est-ce qu'il faut faire ?
B Comment on dit « au revoir » en anglais ?
C C'est quel exercice ?
D Qu'est-ce que ça veut dire « salut » ?
E J'ai oublié mon stylo !

1 « Bonjour » et « au revoir ».
2 Ce n'est pas grave !
3 Ouvrir le livre.
4 Je ne sais pas !
5 Le n° 5.

2 Qu'est-ce qu'il faut faire ? Relie les actions aux matières. Ensuite, complète.

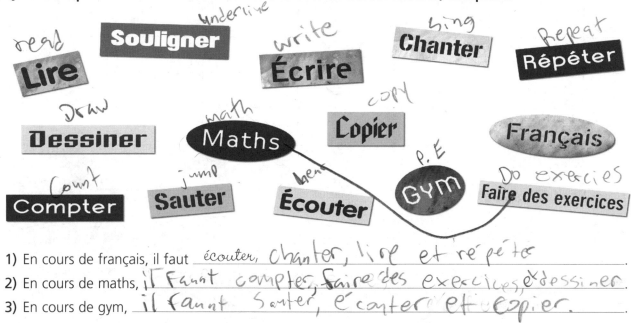

read **Lire** — underline **Souligner** — write **Écrire** — sing **Chanter** — Repeat **Répéter**

Draw **Dessiner** — math **Maths** — copy **Copier** — **Français**

count **Compter** — jump **Sauter** — listen **Écouter** — P.E **Gym** — Do exercies **Faire des exercices**

1) En cours de français, il faut _écouter, chanter, lire et répéter_.
2) En cours de maths, _il faut compter, faire des exercices, et dessiner_.
3) En cours de gym, _il faut sauter, écouter et copier_.

3 Trouve les questions.

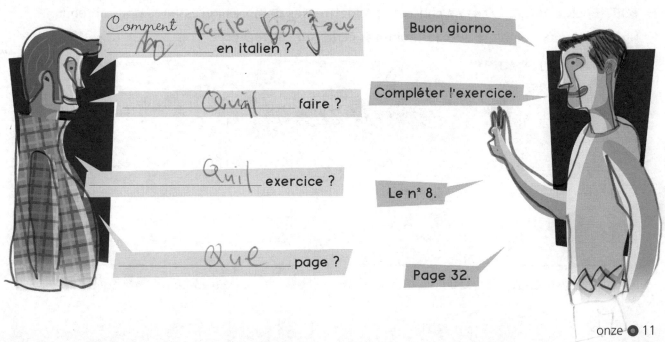

Comment parle bonjour en italien ?

Buon giorno.

_Qu'il_ faire ?

Compléter l'exercice.

Quil exercice ?

Le n° 8.

Que page ?

Page 32.

4 Écoute et écris dans la grille les chiffres que tu entends.

☆	10	20	30	40	50	60
1						
2						
3						
4		vingt-quatre				
5						
6						
7						
8						
9						

5 Complète les nombres.

1) soi_×_ _ _te-tr_ _ _s
2) tr_ _te et _ _
3) dix-n_ _ _ _
4) _uar_ _te-s_ _ _
5) vin_ _-_ _it

6) c_ _quante-d_ _ _
7) _ _ente-se_ _
8) v_ _gt-ci_ _
9) cin_ _ante-_uat_ _ _
10) s_ _ _ante _ _ un

6 FORT(E) EN CALCUL ? Écris en chiffres et en lettres les nombres nécessaires pour obtenir un total de 60. Complète avec les nombres écrits sur ces rochers.

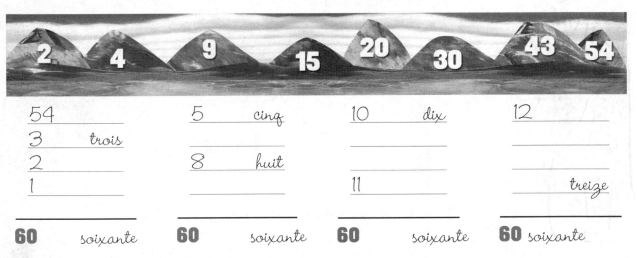

54	5 cinq	10 dix	12
3 trois			
2	8 huit		
1		11	treize
60 soixante	**60** soixante	**60** soixante	**60** soixante

En arabe, Sahara veut dire désert...

Le Sahara est immense :
8 millions de km² et il s'étend sur 14 pays !

1 **1ʳᵉ lecture : lis le texte et souligne les phrases et les mots que tu comprends.**

Je m'appelle Houafdalah et je suis touareg. J'habite au Sahara, le plus
beau désert du monde ! Ici, le soleil tape très fort : 40, 50 ou 60° à l'ombre !
Il ne pleut presque jamais, il tombe environ 10 cm d'eau par an. C'est pour cela
qu'une goutte d'eau représente un vrai trésor ! Les dunes sont le territoire de ma tribu.
De temps en temps, nos caravanes de dromadaires s'arrêtent près d'une oasis, les jardins
du désert.

2 **2ᵉ lecture : souligne les phrases et les mots que tu comprends.**

Je m'appelle Houafdalah et je suis touareg. J'habite au Sahara, le plus beau désert du monde !
Ici, le soleil tape très fort : 40, 50 ou 60° à l'ombre ! Il ne pleut presque jamais, il tombe environ
10 cm d'eau par an. C'est pour cela qu'une goutte d'eau représente un vrai trésor ! Les dunes
sont le territoire de ma tribu. De temps en temps, nos caravanes de
dromadaires s'arrêtent près d'une oasis, les jardins du désert.

3 **Compare les deux textes soulignés. Qu'est-ce qui
s'est passé ? Tu as compris la même chose ou tu as
compris davantage à la 2ᵉ lecture ?**

4 **Lis maintenant le texte avec ton / ta camarade
d'à côté. Entoure tous les mots que tu as compris
grâce à lui / elle.**

« Tu comprends un peu ? beaucoup ?
énormément ? pas du tout ? »

Test de compréhension orale

1 La chaise est libre ?

a) Lis et observe. Tu comprends tout ?

1 Qui parle ?

a) Deux filles. ☐

b) Deux garçons. ☐

c) Une fille et un garçon. ☐

2 La scène se passe dans...

a) une école. ☐

b) un café. ☐

c) un cinéma. ☐

3 Le garçon s'appelle...

a) Christian. ☐

b) Christophe. ☐

c) Rodolphe. ☐

4 La fille s'appelle...

a) Nadia. ☐

b) Tania. ☐

c) Sonia. ☐

5 La fille ne comprend pas...

a) l'espagnol. ☐

b) l'anglais. ☐

c) le français. ☐

6 Le garçon dit...

a) La chaise est libre ? ☐

b) Le banc est libre ? ☐

7 Le garçon demande...

a) Je peux partir ? ☐

b) Je peux m'asseoir ? ☐

c) Je peux téléphoner ? ☐

8 La fille...

a) accepte. ☐

b) dit non. ☐

c) est triste. ☐

b) Maintenant, écoute et coche d'une croix la bonne réponse.

2 Écoute et mets en ordre ces vignettes.

Test 20 / 20 à l'écrit

1 Quelle est la bonne réponse ? Choisis et complète.

1) _____ m'appelle Marie. (Je • Tu)

2) _____ tu t'appelles ? (Comment • Qui est-ce)

3) _____ est-ce ? (Qui • Quel)

4) _____ ça va ? (Quel • Comment)

5) _____ qu'il y a dans le sac ? (Comment • Qu'est-ce)

6) Dans le sac, il y a _____ bonbons. (des • un • une)

7) _____ candidate s'appelle Vanessa. (Le • La • Les)

8) C'est _____ trousse métallique. (un • le • une)

9) C'est _____ stylo multicolore. (un • une • des)

10) C'est _____ sac de Charlotte ? (la • le • une)

⁄ 10

2 Relie la question à la réponse.

A Qui est-ce ? ———————⦿   ⦿——— **1** Très mal.

B Qu'est-ce que c'est ? ———————⦿   ⦿——— **2** Il y a des stylos.

C Comment tu t'appelles ? ———————⦿   ⦿——— **3** C'est un paquet.

D Qu'est-ce qu'il y a dans la trousse ? —⦿   ⦿——— **4** Sophie.

E Comment ça va ? ———————⦿   ⦿——— **5** C'est Nicolas.

⁄ 5

3 Complète avec un article défini et un article indéfini.

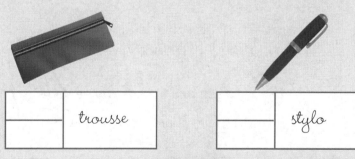

	trousse

	stylo

	livres

4 Complète ces chiffres.

1) d _ _ _ _

2) _ _ p t

3) _ u _ _

4) c _ _ _

⁄ 2

⁄ 3

SCORE :   ⁄ 20

Facile ou difficile ?

Comprendre quelqu'un qui parle en français

Qu'est-ce que tu fais ? Coche d'une croix.

1 Je lis sur les lèvres. ☐

2 J'écoute les intonations. ☐

3 Je regarde les gestes, les mouvements. ☐

4 QU'EST-CE QUE ÇA VEUT DIRE... ? Je demande le sens d'un mot. ☐

5 Je demande de répéter. ☐ VOUS POUVEZ RÉPÉTER, S'IL VOUS PLAÎT ?

6 Je devine le sens. ☐

7 J'écoute les bruits et je déduis. C'est une ville ? C'est une classe ? ☐

8 J'écoute les enregistrements deux, trois, quatre fois... ☐

Alors, c'est facile ou difficile ?
Compare avec tes camarades.

---

auto-évaluation

Ton score à l'oral : _____ / 30

Ton score à l'écrit : _____ / 20

Qu'est-ce que tu sais très bien faire ?   **Qu'est-ce que tu sais faire moins bien ?**

Complète les dessins pour l'indiquer.

Je sais :

 Saluer quelqu'un.

 Demander comment il / elle va.

 Présenter quelqu'un.

 Poser des questions sur l'identité de quelqu'un. *(Comment tu t'appelles ?)*

 Distinguer les articles « *le / la / les / un / une / des* ».

 Lire et prononcer le son [y] de *une* et le son [ø] de *deux*.

 Lire et prononcer le son [o] de *jaune*, de *beau* et de *fluo*.

Nombre de : _____   Nombre de : _____

Je vais réviser : _____

_____

LEXIQUE

Traduis dans ta langue ou illustre les mots avec des dessins.

à demain _____

agenda (masc.) _____

au revoir _____

barbu(e) _____

blanc / blanche _____

bleu(e) _____

bonjour _____

bravo ! _____

calculette (fém.) _____

chanter _____

ciseaux (masc. plur.) _____

classeur (masc.) _____

compter _____

écouter _____

écrire _____

feutre (masc.) _____

fille (fém.) _____

garçon (masc.) _____

gens (masc. plur.) _____

gomme (fém.) _____

jaune _____

lire _____

marron _____

merci _____

merci beaucoup _____

noir(e) _____

numéro (masc.) _____

orange _____

ouvrir _____

page (fém.) _____

paquet (masc.) _____

portable (masc.) _____

poser _____

prendre _____

règle (fém.) _____

rentrée (fém.) _____

rouge _____

sac de sport (masc.) _____

salut ! _____

souligner _____

stylo (masc.) _____

taille-crayon (masc.) _____

tortue (fém.) _____

tourner _____

trousse (fém.) _____

tube de colle (masc.) _____

_____

_____

_____

_____

_____

_____

_____

_____

_____

_____

Écris d'autres mots que tu as appris dans ce module.

Vive le sport !

1 Comment sont-ils ?
Comment sont-elles ?

1) Voici Lucie.
Elle est grande.
Elle est musclée.
Elle est forte.

2) Voici Gaston.
Il est grand.
Il _est Musclé_
il est _Fort_.

3) Voici Léon.
Il est petit.
il _Est_ souple.
il _est_ agile.

4) Voici Mirna.
Elle est _petite_.
Elle _est souple_
il _est agile_.

2 Colorie d'une couleur les adjectifs féminins et d'une autre les adjectifs masculins.

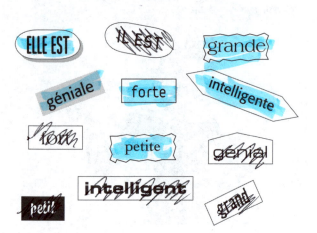

3 Écoute. L'adjectif est au masculin (M), au féminin (F) ou on ne sait pas (?) ?

	M	F	?
1	X		
2			
3			
4			
5			
6			
7			
8			

4 Complète le verbe *être*.

1) je _suis_
2) tu _es_
3) _elle_ _est_
4) _il_ _est_
5) _nous_ _sommes_
6) _vous_ _êtes_
7) _ils_ _sont_
8) _elles_ _sont_

5 Mots croisés. Complète avec le verbe *être* et retrouve les sujets.

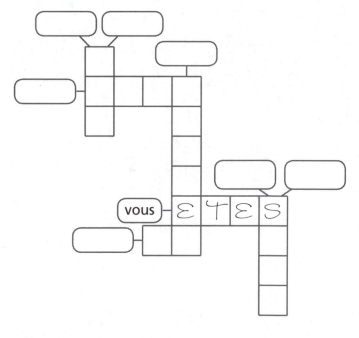

6 Mets ces phrases au pluriel.

1) Je suis un peu timide.

Nous sommes un peu timides.

2) Tu es très optimiste.

_____

3) Elle est très contente.

_____

4) Il est un peu triste.

_____

7 Coche d'une croix les adjectifs qui conviennent et complète les phrases.

1) Elle est _géniale !_ ○ génial ⊗ géniale ○ géniales

2) Elles sont _____. ○ grandes ○ grands ○ grand

3) Il est _____. ○ intelligents ○ intelligentes ○ intelligent

4) Ils sont _____. ○ musclées ○ musclés ○ musclé

8 Écoute bien. Tu entends [ɔ̃] de *hérisson* ou [ɑ̃] de *éléphant* ?

	1	2	3	4	5	6	7	8	9	10
[ɔ̃]										
[ɑ̃]	✕									

9 Dictée. Écoute ! Complète avec *on* ou *en*.

1) Comm_en_t est Gast____ ? Gast____ est intellig____t. Il est toujours c____t____t.

C'est un champi____ de natati____.

2) B____jour ! Comm____t ça va ? Très bien. Le c____cours comm____ce !

10 Écoute. Barre les lettres finales qui ne se prononcent pas.

petit̸ petite

grand grande

fort forte

sympathique sympathiques

intelligents intelligentes

rapide rapides

timide timides

génial géniales

optimiste optimistes

11 Complète.

1) Tu _es_ un copain génial. (es • est)

2) _____ fantastiques. (Vous êtes • Tu es)

3) Nous _____ optimistes. (sont • sommes)

4) _____ petite. (Il est • Elle est)

5) Elle est _____. (fort • agile)

6) Max est _____. (grand • grande)

7) Carla est _____. (intelligente • musclé)

8) _____ content. (Je suis • Elle est)

9) Sonia est _____ copine géniale. (un • une)

10) Ils sont _____. (timide • timides)

Qu'est-ce que tu aimes ?

1 Choisis un élément dans chaque boîte et fais des phrases.

a)

b)

c)

d) oranges basket / pizza thé

1) _Elle aime_ _____

2) _____

3) _Tu adores_ _____

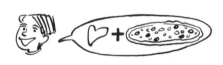

4) _____

2 Questions à Émilie Benoni qui collabore avec Greenpeace. Complète.

Émilie, qu'est-ce ___que___
tu aim_____ ?
_____-ce que tu ador_____ ?
_____ tu détest_____ ?

J'_____ la nature.
J'_____ les animaux.
Je _____ la pollution.
Je _____ la violence. Je
_____ les zoos.

3 PARLE DE TOI. Qu'est-ce que tu aimes faire ?

	Oui	Non	
Tu aimes danser ?			J'aime _____
Tu aimes chanter ?			_____
Tu aimes nager ?			_____ ,
Tu aimes lire ?			et j'adore _____
Tu aimes jouer au basket ?			_____
Tu aimes marcher ?			Je n'aime pas _____
Tu aimes dessiner ?			_____
Tu aimes regarder la télé ?			_____ ,
Tu aimes rester à la maison ?			et je déteste _____
Tu aimes téléphoner à tes copains ?			_____

4 Observe le dessin et réponds.

1) Le poisson rouge nage ? *Non, il ne nage pas, il saute.*

2) Le chat saute ? _____

3) Mme Dupont parle ? _____

4) Cathie joue au football ? _____

5) Le bébé mange ? _____

6) M. Dupont téléphone ? _____

7) La tortue mange ? _____

5 Complète en utilisant la forme négative.

1) Tu es prêt ou tu ___*n'es pas*___ prêt ?

2) Tu aimes ou tu _____ les crêpes ?

3) Tu écoutes ou tu _____ ?

4) Tu travailles ou tu _____ ?

5) Tu es content ou tu _____ content ?

6) Elle est à Paris ou elle _____ à Paris ?

6 Colorie en rouge les étiquettes qui contiennent le son [y] de *purée*.

BIJOU lune crayon purée

feutre écoute CALCULETTE

bougie Tombouctou bonjour sac

TROUSSE rouge

7 Écoute et entoure la syllabe qui contient le son [ʒ] de *Jérémie*.

1) Jérémie mange des spaghettis.

2) Gina est une girafe jolie et sympa.

3) Le dimanche, je mange des oranges.

4) Bonjour Gérard ! tu joues aux fléchettes ?

8 Dictée : Complète avec « ou » ou avec « u ».

1) *U*ne b___gie et ___ne tr___sse r___ge.

2) T___ j___es ___ t ___ éc___tes de la m___sique ?

3) Bonj___r ! dit Arth___r à la tort___e.

Confusion dans la neige

1 Associe sujets et verbes. Plusieurs combinaisons sont possibles.

A Tu
B Elle
C Je
D On
E Ils
F Vous
G Nous
H Elles
I Il

1 travaille
2 étudions
3 saute
4 parlent
5 écoutez
6 nage
7 participent
8 joue
9 chantes

2 Écris les terminaisons.

e
es
est

1) Nous regard*ons* la télévision.
2) Je dessin*e* un escargot.
3) Elles dans*ent* très bien.
4) Nous chant*ons* une chanson.
5) Vous parl*ez* français.
6) Ils nag*ent* dans la piscine.
7) Tu jou*es* avec Danièle.
8) On écout*e* le professeur.
9) Elle march*e* en zigzag.
10) Vous travaill*ez* beaucoup.

3 Qu'est-ce qu'il / elle fait ? Qu'est-ce qu'elles / ils font ?

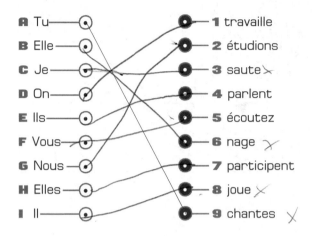

1) Qu'est-ce qu'elle fait ?
Elle ch*erche* des documents.

2) Qu'est-ce qu'ils font ?
Ils *regardent* les *documents*.

3) Qu'est-ce qu'elles font ?
Elles d*essinent* un plan.

4) Qu'est-ce qu'il *fait* ?
Il parle au téléphone.

5) Qu'est-ce qu'ils font ?
Ils *regardent* Mme de la Tour et ses copines.

6) Qu'est-ce qu'elles font ?
Mme de la Tour et ses copines j*ouent* aux cartes.

4 Complète avec le verbe *faire*.

1) Je _bais_ un dessin.
2) Vous _faites_ les exercices.
3) Elles _font_ la dictée.
4) Tu _fais_ un gâteau.
5) Nous _faisons_ un match de football.
6) Il _fait_ la sieste.

5 Le verbe *faire*. Complète avec les sujets correspondants.

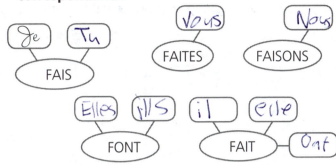

Je   Tu
FAIS

Vous
FAITES

Nous
FAISONS

Elles   Ils
FONT

il   elle   Ont
FAIT

6 Observe et attribue une bulle à chaque personnage.

a)

b)

① Si vous travaillez, ne parlez pas !

② Non, mais ils dessinent très bien.

③ Non maman, nous regardons la télé.

④ Mais monsieur, on ne travaille pas !

⑤ Les enfants, qu'est-ce que vous faites, vous travaillez ?

⑥ Ils parlent ?

⑦ Vous n'êtes pas modernes.
Moi, je vole en aspirateur !

c)

d)

Araignées → spider

7 Complète à l'aide des mots suivants.

regarder • aimer • faire • préparer • travailler • organiser • observer • faire

Qu'est-ce que vous **faites** en cours de sciences naturelles ?

Nous ~~travaillons~~ **On** beaucoup, nous **faisons** des travaux pratiques, on **regarde** des diapositives. Le professeur **organise** beaucoup de sorties. On **observe** les insectes, des araignées. Nous **préparons** des albums de plantes. C'est super ! En général, nous **aimons** beaucoup cette matière.

8 Indique si tu entends le son [z] de *zéro*.

	1	2	3	4	5	6	7	8
Oui								
Non	X							

9 Écoute et lis. Tu entends [z] de *onze*, [s] de *serpent* ou les deux ?

	1	2	3	4	5	6
[s]						
[z]						
[s] et [z]	X					

10 Phrases puzzle. Retrouve ces phrases.

1) Qu'est-ce • faites • vous • que

Qu'est-ce que vous faites ?

2) radio • On • à un • participe • de • programme

On participe à un programme de radio

3) contrôles • pas • Nous • les • n' • difficiles • aimons

Nous n'aimons pas les contrôles difficiles

4) détestent • documentaires • les • Elles • films

Elles détestent les films documentaires

APPRENDS À TON COCHON D'INDE À RECONNAÎTRE LES COULEURS !

Premièrement, dispose devant le cochon d'Inde 4 récipients identiques de couleurs différentes : rouge, vert, jaune et bleu. Remplis tous les récipients avec les graines ou avec les légumes qu'il mange habituellement pour qu'ils s'imprègnent de cette odeur. Vide tous les récipients.

Les jours suivants remplis seulement le récipient rouge. Quelques jours après, change de place ce récipient et... tu verras que le cochon d'Inde va directement chercher le récipient rouge.

1 Lis le texte.

2 Relis le texte et numérote les illustrations de 1 à 6 dans l'ordre logique.

Moi, j'ai un problème... je suis daltonien.

Test de compréhension orale

1 Interview au collège

a) Lis et observe. Tu comprends tout ?

1 Qui pose des questions ?

a) Un journaliste belge. ☐

b) Un professeur d'anglais. ☐

c) Un étudiant allemand. ☐

2 Comment s'appelle-t-il ?

a) Boy Van Ribar. ☐

b) Roy Van Zanzibar. ☐

c) Roy Van Dar. ☐

3 Qui répond ?

a) Les élèves de 4ᵉ B. ☐

b) Les élèves de 5ᵉ B. ☐

c) Les élèves de 4ᵉ C. ☐

4 Ils parlent...

a) de toutes les matières. ☐

b) des langues étrangères. ☐

c) de sport. ☐

5 Quelles langues parlent les élèves de 4ᵉ B ?

a) L'espagnol, l'anglais et le français. ☐

b) L'espagnol, l'allemand et le français. ☐

c) L'espagnol, le latin et le français. ☐

6 En 4ᵉ C, ils apprennent...

a) l'allemand et l'italien. ☐

b) le latin et l'allemand. ☐

c) le latin et l'espagnol. ☐

7 Pour les élèves, le plus difficile en espagnol, c'est...

a) de lire. ☐

b) de faire des dictées. ☐

c) d'apprendre les verbes. ☐

8 Le projet préparé est...

a) un voyage à Séville. ☐

b) un échange scolaire à Valence. ☐

c) un échange scolaire à Salamanque. ☐

b) Maintenant, écoute et coche d'une croix la bonne réponse.

2 ENTRAÎNEMENT AU RÉSUMÉ. Mets ce résumé dans l'ordre.

a) Il interviewe des élèves du collège Jules-Ferry. ☐

b) Ces élèves étudient le français, l'anglais et l'espagnol. ☐

c) Un journaliste belge prépare un rapport sur les langues à l'école. ☐

d) Et, en ce moment, ils préparent un échange scolaire avec des élèves de Salamanque. ☐

3 Recopie le résumé dans ton Portfolio.

Test 30 / 30 à l'écrit

1 Écris les phrases suivantes au féminin.

1) Il est très grand et un peu timide. : *Elle est très grande et un peu timide.*
2) Tu es très intelligent et aimable. : *Tu es très intelligente et aimable.*
3) Ils sont souples et disciplinés. : *Elles sont souples et disciplinées*
4) Nous sommes forts et musclés. : *Nous sommes fortes et musclées.*

/ 8

2 Réponds en utilisant la forme négative.

1) Vous écoutez la radio ? *Vous n'écoutes pas la radio ?*
2) Vous aimez la purée ? *Vous n'aimez pas la purée ?*
3) Elles parlent le japonais ? *Elles ne parlent le japonais ?*
4) Vous êtes canadiens ? *Vous n'êtes pas canadiens ?*

/ 4

3 Quels sont les goûts de Jacques ?

1) Il *aime la musique*
2) Il *adore le foot*
3) Il *déteste la pizza.*
4) Il *aime le basketball*

/ 4

4 Complète les verbes.

1) • Qu'est-ce que vous fait**es** quand vous êt**es** libres ?
   ■ Nous dessin**ons**, nous jou**ons** sur l'ordinateur. On regard**e** la télé et on parl**e**.
2) • Tu fai**s** tes devoirs ? Tu travaill**es** ? ■ Non, je jou**e** sur Internet.
3) Qu'est-ce qu'on fai**t** ? On écout**e** des CD et on prépar**e** des crêpes ?
4) • Elles f**ont** des exercices ? ■ Non, elles nag**ent** dans la piscine.
5) En cours de gym, nous jou**ons** au foot, nous saut**ons** et nous nag**ons**.

/ 6

5 Trouve les questions.

1) _____ ? Oui, j'adore le cinéma.
2) _____ ? On écoute des cassettes.
3) _____ ? C'est un copain de classe.
4) _____ ? Oui, nous sommes dans la même classe.

/ 8

SCORE : / 30

Facile ou difficile ? Comprendre ce qu'on lit en français

Qu'est-ce que tu fais quand tu lis ?

	oui	non
1 Je regarde les illustrations, les photos, les schémas...	☐	☐
2 Je regarde l'ensemble du texte pour avoir une impression globale.	☐	☐
3 Je cherche à comprendre le titre, les grosses lettres.	☐	☐
4 Je lis une première fois pour comprendre l'idée principale.	☐	☐
5 Je me bloque quand je ne comprends pas un mot.	☐	☐
6 En général, je traduis.	☐	☐
7 J'essaie de deviner les mots que je ne comprends pas.	☐	☐
8 Je lis le texte, plus d'une fois.	☐	☐
9 J'arrête ma lecture au premier mot inconnu et je le cherche dans le dictionnaire.	☐	☐
10 Quand il y a un mot que je ne comprends pas, je cherche un mot semblable dans ma langue ou dans une autre langue.	☐	☐
11 Je le relis pour être sûr d'avoir compris.	☐	☐
12 J'aime lire. Je n'aime pas analyser. Comprendre le sens général me suffit.	☐	☐

Qu'est-ce qui te semble le plus utile ? Le moins utile ? Il y a d'autres manières de lire ? Compare avec tes camarades.

---

auto-évaluation

Ton score à l'oral : ⟋ 30
Ton score à l'écrit : ⟋ 30

Qu'est-ce que tu sais très bien faire ?   Qu'est-ce que tu sais faire moins bien ?

Complète les dessins pour l'indiquer.

Je sais :

Identifier et décrire quelqu'un.

Dire ce que j'aime et ce que je n'aime pas.

Énoncer des actions différentes.

Distinguer le féminin et le masculin des adjectifs.

Indiquer le pluriel des adjectifs.

Conjuguer les verbes *être*, *faire* et les verbes en –ER au présent.

Conjuguer un verbe à la forme négative.

Lire et prononcer les sons [ʃ] de *cochon*, [ã] de *chante*, [ʒ] de *girafe*, [u] de *bijou* et [z] de *pause*.

Nombre de ⬤ : _____   Nombre de ⬤ : _____

Je vais réviser : _____

_____

Traduis dans ta langue ou illustre les mots avec des dessins.

adorer _____

agile _____

aimer _____

bavarder _____

champion(ne) _____

chanter _____

chercher _____

cochon (masc.) _____

content(e) _____

contrôle (masc.) _____

copain / copine _____

cours (masc.) _____

danser _____

dessiner _____

détester _____

discipliné(e) _____

élégant(e) _____

éléphant (masc.) _____

être _____

excellent(e) _____

faire _____

fantastique _____

film d'horreur _____

fort(e) _____

gagner _____

génial(e) _____

girafe (fém.) _____

grand(e) _____

gymnastique (gym) (fém.) _____

joli(e) _____

jouer _____

journaliste (masc. et fém.) _____

lapin (masc.) _____

marcher _____

mathématiques (maths) (fém. plur.) _____

nager _____

neige (fém.) _____

observer _____

orange (fém.) _____

ordinateur (masc.) _____

participer _____

petit(e) _____

regarder _____

résistant(e) _____

sauter _____

sympathique _____

utiliser _____

tomber _____

violence (fém.) _____

voler _____

zèbre (masc.) _____

Écris d'autres mots que tu as appris dans ce module.

_____

_____

_____

_____

_____

_____

_____

L'inconnu

1 Écoute la chanson et souligne les mots que tu entends.

Prénoms
Thomas **Maria** Lola
Lucas **Sonia**
Max **Andrée**
Moustafa Sarah

Pays
Brésil **Espagne**
Canada France
Italie **Grèce**
Turquie

Villes
Berlin Lisbonne
Rome Londres
Madrid **Paris**
Bogota Lyon

Sports
ping-pong **basket**
foot volley **ski**
yoga
tennis **natation**

Animaux
tortue
chien escargot
boa **baleine** dauphin
chat **éléphant**

Aliments
spaghettis
sandwich hamburger
chocolat **steak**
paella crêpe

2 Relie la question à la réponse.

A Où tu habites ?

B Elle est d'où ?

C Tu as quel âge ?

D Il est de quelle nationalité ?

E Qui est-ce ?

F Qu'est-ce que c'est ?

F 1 C'est une lettre.

D 2 Il est français.

É A 3 C'est Damien.

A 4 À Marseille.

C 5 16 ans.

B 6 De Toulouse.

il est né oui

il est né à Hosto.

3 Complète les bulles.

4 **Complète avec le présent du verbe** *avoir*.

1) J' *ai* deux entrées pour le concert.

2) Elles _____ une tortue qui s'appelle Gigi.

3) Nous _____ des examens.

4) Tu _____ un ami très sympa.

5) Il _____ un caractère horrible.

6) Vous _____ beaucoup de copains.

7) Elle _____ un chien et un chat.

8) Ils _____ des voisins japonais.

9) On _____ un prof de maths génial.

10) Quel âge elle _____ ? Je ne sais pas.

5 **DANS LA PYRAMIDE. Complète le dialogue entre les 2 momies.**

Comment _____ ?

Je m'*appelle* Osiris, et toi ?

Moi, c'est Aakon. Tu _____ quel âge, Osiris ?

J' *ai* 2 000 ans.

Tu _____ 2 000 _____ ?
C'est fantastique ! Moi, _____ seulement 1 000 _____ !

Tu es d'où exactement ?

Je _____ de Louxor.

Et qu'est-ce que tu _____ ?

J' _____ les bijoux, les bougies parfumées…

Moi aussi !!! Nous _____ 1 000 ans de différence et nous _____ les mêmes goûts ! C'_____ incroyable !!!

6 **Que dit Aakon à Osiris ? Déchiffre le message à l'aide de ce code.**

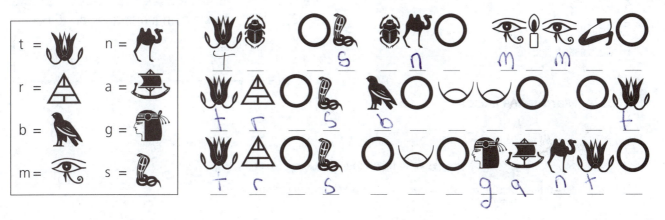

t = 🪷	n = 🐫
r = 🔺	a = ⛵
b = 🦅	g = 👤
m = 👁	s = 🐍

7 Les Martiens arrivent sur la Terre. Lis et complète avec le verbe *avoir*. Ensuite, écoute et vérifie.

8 Puzzle : Les jours de la semaine. Retrouve les jours de la semaine. Colorie les syllabes de chaque jour de la même couleur.

L _____

m _____

m _____

J _____

V _____

S _____

D _____

9 Réponds. Quel(s) jour(s) tu as cours…

1) de maths ? _____

2) de gym ? _____

3) de français ? _____

4) d'anglais ? _____

5) de musique ? _____

6) de dessin ? _____

10 Devinettes.

1) Quel est le jour de la semaine qui a autant de voyelles que de consonnes ?

_____

2) Si le 1er mars est un jeudi, quel jour de la semaine est le 18 ?

_____

11 Écoute. Marque les liaisons.

Nous nous appelons Marie et Coralie. Nous avons 14 ans. Nous habitons à Paris. Nous aimons les jeux vidéo. Nous adorons Mirza, notre chien. Nous écoutons de la musique pop.

Et vous, vous habitez où ? Qu'est-ce que vous aimez ? Vous avez quel âge ?

D'autres langues, d'autres cultures

1 Féminin (F), masculin (M) ou on ne sait pas (?) ?

	1	2	3	4	5	6	7	8
F	X							
M								
?								

2 Écoute et complète.

1) Tu es _chinois_____. (chinoise / chinois)

2) Vous êtes _____. (américains / américaines)

3) Voilà des _____. (Italiens / Italiennes)

4) Bravo pour les _____ ! (Françaises / Français)

5) Vive les _____ ! (Canadiens / Canadiennes)

6) Je suis _____. (mexicain / mexicaine)

7) Nous sommes _____. (anglais / anglaises)

8) Tu es _____. (marocain / marocaine)

3 Souligne les phrases entendues.

1) a) C'est une Française.

   b) <u>C'est un Français.</u>

2) a) Tu es anglais.

   b) Tu es anglaise.

3) a) Vous êtes congolais.

   b) Vous êtes congolaises.

4) a) Nous sommes marocains.

   b) Nous sommes marocaines.

5) a) C'est une Italienne très sympathique.

   b) C'est un Italien très sympathique.

6) a) Vous travaillez avec des Suédois.

   b) Vous travaillez avec des Suédoises.

7) a) Vous êtes chinoise ou japonaise ?

   b) Vous êtes chinois ou japonais ?

4 Écoute Aïcha et souligne ce qu'elle dit.

1) Je parle

| anglais |
| italien |
| français |

| à l'école |
| à la maison |
| en vacances |

avec

| les copains. |
| les cousins. |
| mes frères. |

2) Et à la maison, comme

| ma sœur |
| ma mère |
| ma grand-mère |

est

| brésilienne, |
| américaine, |
| italienne, |

je parle

| italien |
| brésilien |
| anglais |

avec elle.

3) Avec

| mon copain, |
| mon père, |
| mon grand-père, |

comme il est

| français, |
| marocain, |
| cubain, |

je parle

| espagnol. |
| français. |
| arabe. |

Maité Salelles

5 Interview. Pose les questions à Wilma, la correspondante de Vincent.

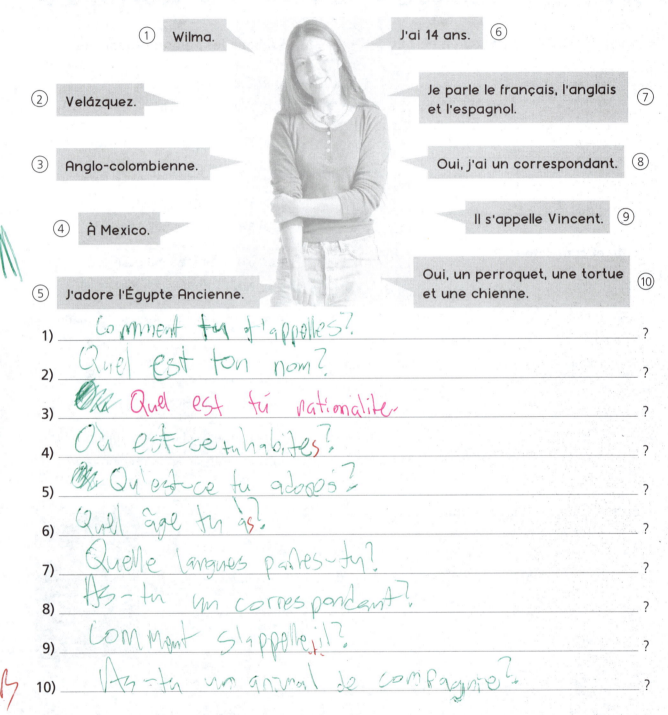

① Wilma.

② Velázquez.

③ Anglo-colombienne.

④ À Mexico.

⑤ J'adore l'Égypte Ancienne.

⑥ J'ai 14 ans.

⑦ Je parle le français, l'anglais et l'espagnol.

⑧ Oui, j'ai un correspondant.

⑨ Il s'appelle Vincent.

⑩ Oui, un perroquet, une tortue et une chienne.

1) Comment tu t'appelles? ?

2) Quel est ton nom? ?

3) Quel est tu nationalité. ?

4) Où est-ce tu habites? ?

5) Qu'est-ce tu adores? ?

6) Quel âge tu as? ?

7) Quelle langues parles-tu? ?

8) As-tu un correspondant? ?

9) Comment s'appelle-t-il? ?

10) As-tu un animal de compagnie? ?

6 Entoure les syllabes qui contiennent le son [ɛn] de *baleine* et souligne les syllabes qui contiennent le son [ɛ̃] de *dauphin*.

Un dauphin américain et une baleine mexicaine jouent sur une plage cubaine. « C'est incroyable ! » dit le capitaine en regardant la belle baleine. « C'est incroyable ! » dit le marin en regardant le beau dauphin.

Maité Salcedo

La fête d'anniversaire

1 Remets en ordre ce dialogue.

(8) ■ Parce que je pars faire du ski.
(4) ■ Quel jour ?
(1) ● Salut Léa, ça va ?
(9) ● Oh, quel dommage !
(3) ● Tu sais, je fais une fête pour mon anniversaire.
(2) ■ Oui, très bien. Merci.
(5) ● Vendredi 15, tu peux venir ?
(7) ● Pourquoi ?
(6) ■ Oh non ! je suis désolée, je ne peux pas.
(10) ■ Oh oui, quel dommage !

Maintenant, écoute le dialogue et recopie.

● Salut Léa, ça va ?
2 Oui, très bien - Merci
3 Tu sais, je fais une fête pour mon anniversaire
4 Quel jour ?
5 Vendredi 15, tu peux venir ?
6 Oh non! je suis désolée je ne peux pas
7 Pourquoi ?
8 Parce que je pars faire du ski
9 Oh, quel dommage !
10 Oh oui, quel dommage !

2 Choisis la bonne réponse.

1) Où tu habites ?
a) 17, Place de la République. ☒
b) En décembre. ☐
c) Je suis occupée. ☐

2) Je fais une fête, tu veux venir ?
a) Je suis triste. ☐
b) C'est quel jour ? ☒
c) Très mal. ☐

3) Tu es libre samedi ?
a) Non, je pars tout le week-end. ☒
b) Génial ! ☐
c) Non, merci. ☐

4) Tu peux venir dimanche ?
a) J'habite rue du Lac. ☐
b) Je suis sportive. ☐
c) Désolée, je ne peux pas. ☒

3 PARLE DE TOI.

1) Quelle est la date de ton anniversaire ?

2) Quel est ton jour de la semaine préféré ?

3) Quel est ton mois préferé ?

4) Quels jours tu ne vas pas à l'école ?

5) Quels jours tu fais du français ?

JANVIER, FÉVRIER, MARS, AVRIL, MAI, JUIN, JUILLET, AOÛT, SEPTEMBRE, OCTOBRE, NOVEMBRE, DÉCEMBRE

LUNDI, MARDI, MERCREDI, JEUDI, VENDREDI, SAMEDI, DIMANCHE

4 Mots cachés. Dans cette grille, entoure en rouge les 12 mois de l'année et en bleu les 7 jours de la semaine.

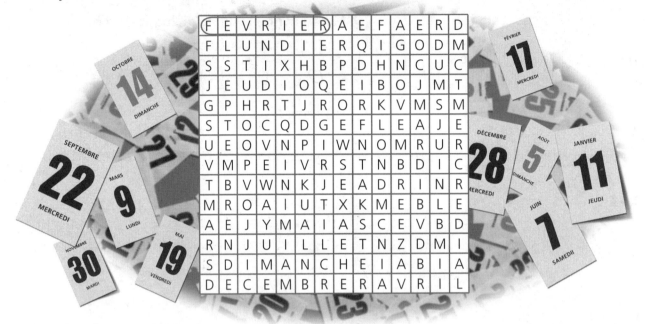

F	E	V	R	I	E	R	A	E	F	A	E	R	D
F	L	U	N	D	I	E	R	Q	I	G	O	D	M
S	S	T	I	X	H	B	P	D	H	N	C	U	C
J	E	U	D	I	O	Q	E	I	B	O	J	M	T
G	P	H	R	T	J	R	O	R	K	V	M	S	M
S	T	O	C	Q	D	G	E	F	L	E	A	J	E
U	E	O	V	N	P	I	W	N	O	M	R	U	R
V	M	P	E	I	V	R	S	T	N	B	D	I	C
T	B	V	W	N	K	J	E	A	D	R	I	N	R
M	R	O	A	I	U	T	X	K	M	E	B	L	E
A	E	J	Y	M	A	I	A	S	C	E	V	B	D
R	N	J	U	I	L	L	E	T	N	Z	D	M	I
S	D	I	M	A	N	C	H	E	I	A	B	I	A
D	E	C	E	M	B	R	E	R	A	V	R	I	L

5 Relie les questions et les réponses.

A Pourquoi tu ne travailles pas ? —⊙

B Pourquoi tu restes devant la télé ? —⊙

C Pourquoi tu ne peux pas venir ? —⊙

D Pourquoi tu n'invites pas Amélie ? —⊙

E Pourquoi tu marches vite ? —⊙

⊙— **1** Parce qu'elle est très antipathique.

⊙— **2** Parce que moi aussi, je fais une fête.

⊙— **3** Parce que je suis en retard.

⊙— **4** Parce que j'adore cette émission.

⊙— **5** Parce que je ne peux pas.

6 Rédige des questions et des réponses, à l'aide de ces mots.

Pourquoi ?	
tu ils vous elle	pleurer téléphoner trembler être triste appeler la police être content

Parce que / qu'...	
nous ils on je elle le chien le professeur	avoir un contrôle être malade arriver avoir une allergie être content oublier les clés

Pourquoi tu es content _____ ?

_____ ?

_____ ?

_____ ?

Parce qu'ils arrivent. _____

_____

_____

AGENDA LIVRES

« Mon nez, mon chat, l'amour et… moi »
Louise Rennison
Ed. Gallimard Jeunesse

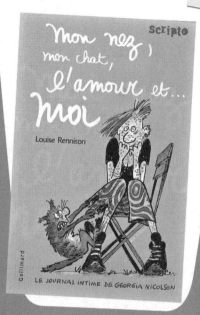

« Jeanne et le Mokélé »
Fred Bernard et François Roca
Ed. Albin Michel Jeunesse

« Les larmes de la libellule »
J.-C. Bernardini et E. Baudouin
Ed. Mango Jeunesse

« Le chevalier au bouclier vert »
Odile Weulersse
Ed. Hachette Jeunesse

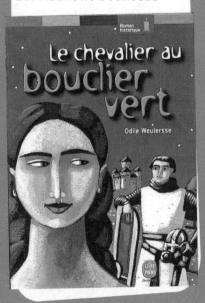

Thibault de Sauvigny aime la belle Eléonore, mais entre eux il y a Foulque et Rosamonde.
Les intrigues et les trahisons se multiplient. De terribles épreuves attendent Thibault, qui doit retrouver la fée Hadelize pour pouvoir sauver sa dame.

1

Voyage initiatique ! Yoshi, petit japonais, part affronter les dangers des grands marais à la recherche d'une libellule blanche. Un joli conte qui nous fait découvrir le Japon de l'époque des samouraïs.

2

Paysages et sentiments… Le voyage de Jeanne à la recherche de son père, disparu dans l'Afrique des années 20. Une narration originale et de très belles images.

3

Au secours !!!!!! Ado en crise… !!!!!! Les confessions de Georgia Nicolson. Un éclat de rire permanent, le portrait juste, tendre et corrosif d'une adolescente d'aujourd'hui.

4

1 Lis les résumés et trouve à quels livres ils correspondent.

2 Quel(s) livre(s) tu aimerais lire ? Pourquoi ?

Test de compréhension orale

1 Séjour en Angleterre

a) Lis et observe. Tu comprends tout ?

1 Deux garçons parlent...
a) au téléphone. ☐
b) dans un café. ☐
c) dans la classe. ☐

2 Xavier est...
a) en France. ☐
b) en Angleterre. ☐
c) en Italie. ☐

3 Il habite...
a) avec une famille. ☐
b) tout seul. ☐
c) avec sa maman. ☐

4 Mr et Mrs Marshall sont...
a) américains. ☐
b) anglais. ☐
c) suédois. ☐

5 Avec Xavier, il y a...
a) 2 autres étudiants. ☐
b) 3 autres étudiants. ☐
c) 4 autres étudiants. ☐

6 Le garçon est...
a) espagnol. ☐
b) italien. ☐
c) mexicain. ☐

7 La fille est...
a) italienne. ☐
b) canadienne. ☐
c) colombienne. ☐

8 Xavier est très occupé. Il fait...
a) des excursions. ☐
b) de la natation. ☐
c) du basket. ☐

9 Il visite...
a) des parcs. ☐
b) des musées. ☐
c) des cathédrales. ☐

10 Il joue...
a) au basket. ☐
b) au tennis. ☐
c) au ping-pong. ☐

11 Avec la famille, il parle...
a) anglais. ☐
b) français. ☐
c) espagnol. ☐

12 Avec les copains, il parle...
a) franco-italien. ☐
b) anglo-français. ☐
c) italo-franco-espagnol. ☐

b) Maintenant, écoute et coche d'une croix la bonne réponse.

2 ENTRAÎNEMENT AU RÉSUMÉ. Fais la fiche Diversité et recopie le résumé de la situation.

Diversité

Test 30 / 30 à l'écrit

1 Complète avec le verbe *avoir*.

1) Tu _____ 16 ans.

2) Nous _____ une allergie.

3) Elles _____ une excuse.

4) J'_____ un animal de compagnie.

5) Il _____ les yeux bleus.

6) Vous _____ des correspondants.

7) On _____ une super idée.

8) Elle _____ un ordinateur.

9) Ils _____ un contrôle de maths.

⁄ 9

2 Réponds aux questions.

1) Pourquoi vous êtes contents ?

_____

2) Pourquoi il pleure ?

_____

3) Pourquoi tu ne peux pas venir ?

_____

4) Pourquoi elle fait une fête ?

_____

5) Pourquoi ils arrivent en retard ?

_____

⁄ 5

3 Écris les phrases suivantes au féminin.

1) Il est chinois. : _____

2) Tu es anglais ou américain ? : _____

3) C'est un garçon belge. : _____

4) Nous sommes marocains. : _____

5) Vous êtes espagnols. : _____

6) Ils ont des amis allemands et suisses. : _____

7) C'est un Canadien de Toronto. : _____

8) Je suis portugais. : _____

⁄ 8

4 Trouve les questions.

1) _____ ? Paula.

2) _____ ? Martinez.

3) _____ ? J'ai 12 ans.

4) _____ ? Je suis espagnole.

5) _____ ? J'habite à Barcelone.

6) _____ ? 14, rue de Londres.

7) _____ ? Oui, je suis née aux Canaries.

8) _____ ? Le 23 octobre.

⁄ 8

SCORE : ⁄ 30

Facile ou difficile ? Mémoriser

Qu'est-ce que tu fais pour mémoriser ? Coche d'une croix.

Alors, c'est facile ou difficile ? Tu utilises d'autres techniques ?

auto-évaluation

Ton score à l'oral : ___ / 30
Ton score à l'écrit : ___ / 30

Qu'est-ce que tu sais très bien faire ?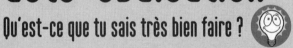

Je sais : M'informer sur l'identité de quelqu'un.

 Inviter quelqu'un.

 Dire et demander la date.

 Distinguer le féminin et le masculin des adjectifs de nationalité.

Nombre de : _____

Qu'est-ce que tu sais faire moins bien ?

 Exprimer la cause avec *Pourquoi… ? Parce que…*

 Conjuguer le verbe *avoir* au présent.

 Faire la liaison.

 Lire et prononcer les sons [ɛ̃] de *mexicain*, [ɛn] de *mexicaine* et [ʀ] de *raviolis*.

Nombre de : _____

Je vais réviser : _____

_____

LEXIQUE

Traduis dans ta langue ou illustre les mots avec des dessins.

africain(e) _____

âge (masc.) _____

allemand(e) _____

allergie (fém.) _____

américain(e) _____

anglais(e) _____

août _____

arabe _____

avril _____

baleine (fém.) _____

belge _____

canadien(ne) _____

chinois(e) _____

correspondant(e) _____

correspondre _____

cubain(e) _____

dauphin (masc.) _____

décembre _____

dimanche _____

énigme (fém.) _____

espagnol(e) _____

européen(ne) _____

février _____

français(e) _____

informatique (fém.) _____

italien(ne) _____

janvier _____

japonais(e) _____

jeudi _____

juillet _____

juin _____

lundi _____

mai _____

mardi _____

marocain(e) _____

mars _____

mercredi _____

mexicain(e) _____

musique (fém.) _____

novembre _____

octobre _____

portugais(e) _____

rhinocéros (masc.) _____

russe _____

samedi _____

septembre _____

suisse _____

vendredi _____

_____

_____

_____

_____

_____

_____

Écris d'autres mots que tu as appris dans ce module.

J'ai perdu Bobby

1 Mme Lamoureux part en vacances. Elle part toute seule ? Non, elle part avec son perroquet et ses chats.

Qu'est-ce qu'elle emporte ?

Son sac, ~~son~~ raquette de tennis, ~~ses~~ livres, Son portable, ~~ses~~ lunettes de soleil et ~~son~~ bicyclette.

2 Samir et son père sont très distraits. Complète avec des adjectifs possessifs.

3 PARLE DE TOI. Complète les questions et réponds.

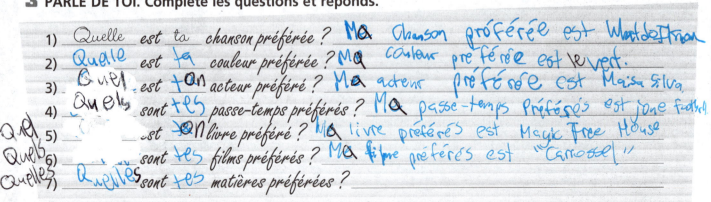

1) Quelle est ta chanson préférée ? Ma chanson préférée est What do I know
2) Quelle est ta couleur préférée ? Ma couleur préférée est le vert.
3) Quel est ton acteur préféré ? Ma acteur préférée est Maísa Silva
4) Quels sont tes passe-temps préférés ? Ma passe-temps préférés est joue football
5) Quel est ton livre préféré ? Ma livre préférés est Magic Free House
6) Quels sont tes films préférés ? Ma filme préférés est "Carrossel"
7) Quelles sont tes matières préférées ?

4 **Au zoo ! Trouve les questions.**

1) _____ ? C'est le nouveau gardien.

2) _____ ? Il pèse 70 kg.

3) _____ ? 1 m 60.

4) _____ ? 55 ans.

5) _____ ? Non, il n'est pas rapide.

5 **Complète cette petite annonce de Fleurette.**

Je ___m'appelle___ Fleurette. J'_____ deux ans.
Je _____ une chatte très coquette et
très _____. J'_____ les
pattes _____ et _____ qui
est longue et noire. _____ yeux sont verts.
J'_____ regarder par la fenêtre. Si
_____ me retrouvez, contactez _____ famille.
M. et Mme Pasteur, tél. 03 88 29 14 22.

6 **Termine le dessin de Tom, le hamster, à l'aide des indications suivantes.**

moustaches très longues

petites oreilles jaunes

petite tache sur une oreille

petite queue marron

trois pattes marron et une noire

8 **Écoute. Souligne en bleu le son [œ] de *fleur* et en rouge le son [ø] de *bleu*.**

1) Mathieu est un excellent joueur.

2) Ses yeux sont merveilleux.

3) Eugène, tu pleures ?

4) Je veux deux fleurs bleues.

5) Vingt-deux erreurs ! Quelle horreur !

7 **Écoute bien. Tu entends le son [ø] de *jeu* ?**

	1	2	3	4	5	6	7	8
Oui	X							
Non								

9 **Les nombres. Dictée !**

_____

_____

_____

10 Calcule et complète la grille.

Horizontalement

1) Quatre-vingt-onze **moins** soixante et onze.
2) Soixante-cinq **moins** soixante et un.
3) Cent un **plus** quinze **moins** soixante-seize.
4) Quatre-vingt-sept **plus** deux **moins** vingt-neuf.
5) Quatre-vingt-treize **moins** quatre-vingt-trois **plus** un.

Verticalement

a) Cinquante-huit **moins** quarante-six **plus** trois.
b) Soixante-seize **moins** quarante-quatre **moins** deux.
c) Cent quinze **moins** soixante-cinq.
d) Soixante-huit **moins** cinquante-cinq.
e) Dix-neuf **moins** trois.

11 Tous les numéros de téléphone de cet agenda ont une erreur. Écoute bien et corrige-les.

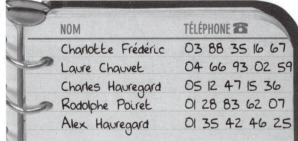

NOM	TÉLÉPHONE ☎
Charlotte Frédéric	03 88 35 16 67
Laure Chauvet	04 66 93 02 59
Charles Hauregard	05 12 47 15 36
Rodolphe Poiret	01 28 83 62 07
Alex Hauregard	01 35 42 46 25

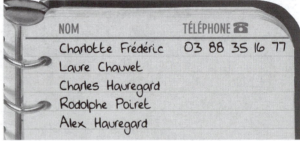

NOM	TÉLÉPHONE ☎
Charlotte Frédéric	03 88 35 16 77
Laure Chauvet	
Charles Hauregard	
Rodolphe Poiret	
Alex Hauregard	

12 Mets ces mots en ordre pour retrouver une petite poésie.

un • je • chien • connais

_____

s' • qui • Sam • appelle

_____

60 • et • pèse • qui • grammes

_____

là • quel • là • drame • oh

_____

13 À l'aide de ces mots, écris une autre version de la poésie *Oh là là !* (Livre de l'élève, page 39).

_____

_____

_____

_____

_____

éléphant • Fernand • grammes • fourmi • raviolis

Fifi • violon • Gaston • lion • ça n'existe pas

c'est impossible • la samba • Sacha • c'est important

c'est surprenant • sensible • ce n'est pas grave

gâteau • terrible • poncho • chapeau • stylo

grand • escargot • ça suffit • petit • quel drame

Une géante du sud : l'autruche

1 Relie chaque question à la réponse correspondante.

A Combien ils mesurent ?

B Combien vous pesez ?

C Quel âge ont tes amis ?

D De quelle couleur sont les yeux de Kader ?

E Où habite ton professeur d'anglais ?

F Comment s'appelle ton chien ?

G Combien de pattes a la libellule ?

H Comment sont les gorilles ?

1 Nerveux et un peu agressifs.

2 Je ne sais pas.

3 1 m 60 et 1 m 80.

4 Six.

5 57 kg.

6 14 et 15 ans.

7 Mirza.

8 Verts.

2 JEU DE LOGIQUE : animaux préférés.

Sylvie, Elsa, Lola et Marie ont chacune un animal préféré.

Il y a une tortue, un hamster, un chien et un chat.

On sait que :

- Elsa adore les animaux fidèles.
- Sylvie est allergique aux poils de chat et Elsa n'aime pas les animaux trop indépendants.
- Lola aime bien les hamsters mais Sylvie préfère les animaux en liberté.

Retrouve l'animal de chaque enfant.

Pour t'aider, complète le tableau avec : (+) si c'est le bon animal, (-) si ce n'est pas le bon.

	la tortue	le chien	le chat	le hamster
Sylvie	–	–	–	–
Lola	–	–	–	–
Elsa	–	–	–	–
Marie	–	–	–	–

3 Devine de quel monstre parle David.

Il a 2 yeux.
Il n'a pas de cornes.
Ce n'est pas un batracien.
Il a des pattes.
Il n'a pas de taches sur les bras.

4 Remets les lettres en ordre pour retrouver 8 parties du corps.

1) MNIA : une _Main_
2) EYUX : des _Yeux_
3) BEJMA : une _Jambe_
4) GIDOT : un _Doigt_

5) DIPE : un _Pied_
6) CHOUBE : une _Bouche_
7) BARS : un _Bras_
8) VUCHEXE : des _Cheveux_

5 Choisis un mot dans chaque boîte pour faire des phrases qui riment.

Françoise	avoir	un petit chat
François	chercher	une amie danoise
Sacha	parler	chinois
Natacha	jouer	ses bottes
Charlotte		avec moi

6 Colorie en rouge les étiquettes qui contiennent le son [wa] de soixante.

soixante · toi · trois · japonais · poisson · maison · suédois · trouver · trousse · poids · jaune · noir · bonsoir · rouge · bonjour · moi

8 Écoute et mets une croix quand tu entends le son [ʃ] de chat.

	1	2	3	4	5	6	7	8	9	10
Oui	X									
Non										

7 « Combien ? » ou « Combien de ? » Complète.

How much   How many

1) _Combien_ mesure le serpent ?
2) _Combien de_ pattes a la puce ?
3) _Combien de_ langues parle Tintin ?
4) _Combien_ pèse le crocodile ?
5) _Combien_ mètres mesure la tour Eiffel ?
6) _Combien_ font deux et deux ?

9 PARLE DE TOI.

1) Combien d'élèves il y a dans ta classe ?
2) Combien de langues tu parles ?
3) Combien d'amis intimes tu as ?
4) Combien de professeurs tu as ?
5) Combien de dictionnaires tu as à la maison ?
6) Combien d'activités tu fais après le collège ?

Module 4 Leçon 3

Chez le docteur

1 Écoute. Mets une croix quand tu entends un ordre.

	1	2	3	4	5	6	7	8
Oui								
Non	X							

2 Écoute ces ordres. Le verbe est au singulier (S) ou au pluriel (P) ?

	1	2	3	4	5	6	7	8
S								
P	X							

3 Monsieur Alain est chez le docteur. Complète les bulles avec les verbes suivants.

(levez) (respirez) (levez) (êtes) (ouvrez) (faites) (regardez) (dites)

4 Un(e) élève ou toute la classe ? Complète les consignes.

1) Ouvre le livre.
2) _____ le cahier.
3) Souligne les verbes.
4) _____ les erreurs.
5) Tourne la page.
6) Regarde le tableau.

a) _____ le livre.
b) Fermez le cahier.
c) _____ les verbes.
d) Corrigez les erreurs.
e) _____ la page.
f) _____ le tableau.

5 Souligne la phrase entendue.

1) a) Reviens vite !   b) Revenez vite !   c) Revenons vite !

2) a) Fais une pizza.   b) Je fais une pizza.   c) Faites une pizza !

3) a) J'ouvre la porte.   b) Ouvre la porte !   c) Ouvrez la porte !

4) a) Arrêtez !   b) Arrête !   c) Tu arrêtes ?

5) a) Ferme la porte !   b) Vous fermez la porte ?   c) Fermez la porte !

6) a) Respirez profondément.   b) Respire profondément.   c) Je respire profondément.

7) a) Sautons !   b) Saute !   c) Sautez !

6 Fais des phrases de plus en plus longues avec les éléments suivants.

du salon • derrière la porte • peur • il y a • J'ai • vert • très • parce qu' • énorme • un monstre

J'ai peur

J'ai très peur

J'ai très peur parce qu'il y a un monstre

J'ai très peur parce qu'il y a un monstre derrière la porte

J'ai très peur parce qu'il y a un monstre derrière la porte du salon.

J'ai très peur parce qu'il y a un monstre énorme derrière la porte du salon

J'ai très peur parce qu'il y a un monstre vert énorme derrière la porte du salon.

7 Recopie les phrases suivantes dans chaque vignette.

Pourquoi tu ne chantes pas ? • Pourquoi tu ne manges pas ? • Pourquoi tu ne participes pas à la course ?

Parce que j'ai mal au pied. • Parce que j'ai mal à la gorge. • Parce que j'ai mal aux dents.

❶

❷

❸

On parle de « Harry Potter » sur Internet

1 Lis ces opinions prises sur un site Internet pour enfants.

Salut, je m'appelle Rima et j'ai 12 ans !!! Les films Harry Potter sont trop cool. Je trouve que Daniel est l'acteur le plus cool de tous ! J'aimerais bien le rencontrer et j'aime aussi Rupert Grint et Emma Watson ; ils sont tous les trois géniaux !!!
Rima

Le film n'est pas mal mais il y a des progrès à faire ! C'est un peu trop long et j'ai horreur des lunettes de Harry !
Thérèse

Hello ! Moi, je trouve que les films sont géniaux et les acteurs sont formidables. Les livres aussi. Mon préféré, c'est le 3. Je suis hyper, giga, méga fan de tout ce qui concerne Harry Potter. J'attends avec impatience la sortie de nouveaux films et de nouveaux livres.
Jérôme

Salut ! Je m'appelle Camille. Je suis américaine. J'ai lu tous les livres de Harry Potter. Ils sont trooooooooooop bien. J'aime trop H.P. En + Daniel Radcliffe est trop beau !!! Bon, salut !!!
Camille

2 Indique si ces opinions sont favorables (+) ou défavorables (-).

a) Thérèse ☐   b) Jérôme ☐   c) Rima ☐   d) Camille ☐

3 Recopie dans les colonnes correspondantes les expressions favorables sur les acteurs, sur les livres et sur les films.

	LIVRES	FILMS	ACTEURS
Thérèse			
Jérôme			
Rima			
Camille			

Attention ! Le professeur Dumbledore a mélangé tous les sortilèges ! Écris chaque sortilège à sa place.

Imperio !   Endoloris !   Incendio !   Amplificatum !   Destructum !   Furunculus !

Pour allumer un feu :   Pour faire mal à quelqu'un :

Pour détruire :   Pour faire pousser des furoncles :

Pour que quelqu'un soit sous nos ordres :   Pour faire grandir une chose :

Test de compréhension orale

1 Tu n'as pas de travail ?

a) Lis et observe. Tu comprends tout ?

① Qui parle ?

   a) Une fille et son amie. ☐

   b) Une fille et sa mère. ☐

   c) On ne sait pas exactement. ☐

② Où sont-elles ?

   a) À la maison. ☐

   b) Dans un restaurant. ☐

   c) À l'école. ☐

③ Que fait la jeune fille ?

   a) Elle joue à l'ordinateur. ☐

   b) Elle regarde la télé. ☐

   c) Elle travaille. ☐

④ Aujourd'hui, c'est...

   a) jeudi. ☐

   b) mercredi. ☐

   c) lundi. ☐

⑤ La jeune fille...

   a) fait ses devoirs. ☐

   b) n'a pas de travail. ☐

   c) prépare son sac. ☐

⑥ La fille s'appelle...

   a) Ninon. ☐

   b) Miriam. ☐

   c) Chloé. ☐

⑦ La dame est...

   a) très surprise. ☐

   b) très contente. ☐

   c) très triste. ☐

⑧ La dame pense que la jeune fille...

   a) travaille beaucoup. ☐

   b) est malade. ☐

   c) perd son temps. ☐

⑨ La jeune fille...

   a) s'en va en classe de neige dans les Alpes. ☐

   b) restera à la maison avec sa mère. ☐

   c) fera ses devoirs pour demain. ☐

⑩ La dame a oublié que...

   a) la jeune fille part en vacances en Italie. ☐

   b) la jeune fille part en classe de neige. ☐

   c) c'est l'anniversaire de la jeune fille. ☐

b) Maintenant, écoute et coche d'une croix la bonne réponse.

2 ENTRAÎNEMENT AU RÉSUMÉ. Trouve le sujet de chaque phrase et complète le résumé.

| Sa fille | La mère | Chloé | Sa maman | C' | Elle | Chloé |

_____ est lundi. _____ regarde tranquillement la télé. _____ arrive à la maison. _____ est très surprise parce que _____ ne travaille pas. _____ a oublié que _____ s'en va dans les Alpes en classe de neige.

Test 30 / 30 à l'écrit

1 Écris les questions correspondantes à cette fiche.

Nom : Nina
Prénom : Pasteur
Adresse : 24, rue Jean Gautier, Paris
Taille : 1 m 70
Poids : 58 kg
Date de naissance : 19/04/90
Activités préférées : dessin, danse
Couleur préférée : rouge
Caractère : sympathique, un peu timide

_____
_____
_____
_____
_____
_____
_____

∕ 8

2 Julie n'est pas contente aujourd'hui. Complète ce qu'elle dit.

Je ne trouve pas _____ agenda. _____ ordinateur ne marche pas. _____ meilleure amie est triste.

Et en plus, j'ai perdu _____ clés et _____ mère a oublié _____ anniversaire.

∕ 6

3 Décris Simba le petit chat. Comment il est ? Qu'est-ce qu'il aime faire ?

_____
_____
_____
_____
_____
_____
_____

∕ 5

4 Écris ces nombres.

66 : _____
77 : _____
88 : _____
91 : _____

∕ 4

5 Écris les jours de la semaine.

_____ar_____   _____am_____

_____cre_____   _____c_____

_____eu_____   _____un_____   _____

∕ 7

SCORE :   ∕ 30

Facile ou difficile ?

Parler en français sans se bloquer

Qu'est-ce que tu fais ? Coche d'une croix.

1

Je respire, je me calme, je n'ai pas peur. ☐

2

Je ne traduis pas, je parle vite, je communique, je ne pense pas si c'est bien ou mal. ☐

3

Je fais des gestes, des mimiques pour m'aider. ☐

4

J'utilise au maximum les mots appris dans les leçons précédentes. ☐

5

AH !!! J'AI COMPRIS ! VOUS VOULEZ DES SAUCISSES ET DES FRITES !

J'utilise des mots de ma langue et je les prononce à la française. ☐

6

COMMENT ON DIT... ?

Je demande de l'aide, si je ne connais pas un mot... ☐

auto-évaluation

Ton score à l'oral : ___ / 30
Ton score à l'écrit : ___ / 30

Qu'est-ce que tu sais très bien faire ?

Je sais : Dire les caractéristiques d'un animal.

 Demander et donner des indications sur la santé.

 Compter jusqu'à 1000.

 Utiliser les adjectifs possessifs.

Qu'est-ce que tu sais faire moins bien ?

Donner des ordres à l'impératif.

Différencier l'usage de *combien… / combien de…*

 Utiliser : *quel, quels, quelle, quelles.*

Lire et prononcer les sons [œ] de *heure*, [ø] de *bleu*, [ʃ] de *chat* et [wa] de *moi.*

Nombre de ⊙ : _____

Nombre de : _____

Je vais réviser : _____

_____

Traduis dans ta langue ou illustre les mots avec des dessins.

affiche (fém.) _____

aile (fém.) _____

araignée (fém.) _____

autruche (fém.) _____

bec (masc.) _____

bouche (fém.) _____

bras (masc.) _____

C'est trop ! _____

carnivore _____

chat (masc.) _____

cheveux (masc. plur.) _____

chien (masc.) _____

combien (de) ? _____

cou (masc.) _____

coude (masc.) _____

dent (fém.) _____

doigt (masc.) _____

dos (masc.) _____

estomac (masc.) _____

femelle (fém.) _____

gazelle (fém.) _____

genou (masc.) _____

gentil(le) _____

gorge (fém.) _____

j'ai mal au / à la / aux… _____

j'ai peur _____

jambe (fém.) _____

joueur (masc.) _____

lapin (masc.) _____

lion (masc.) _____

main (fém.) _____

mâle (masc.) _____

manquer _____

mesurer _____

moustache (fém.) _____

nez (masc.) _____

œufs (masc. plur.) _____

oreille (fém.) _____

ours (masc.) _____

patte (fém.) _____

perroquet (masc.) _____

peser _____

pied (masc.) _____

piqûre (fém.) _____

plier _____

plume (fém.) _____

puce (fém.) _____

queue (fém.) _____

retrouver _____

serpent (masc.) _____

souris (fém.) _____

ventre (masc.) _____

tache (fém.) _____

territoire (masc.) _____

tête (fém.) _____

yeux (masc. plur.) _____

Écris d'autres mots que tu as appris dans ce module.

_____

_____

_____

_____

_____

Au café « La Tartine »

1 Au Café. Complète les bulles.

Bonjour madame, _____ _____ ?

Je voudrais _____ thé et _____ pain complet avec _____ confiture.

Je suis _____, il n'y a pas _____ pain complet. Vous _____ pain blanc ?

Non, merci. _____ _____ croissant, s'il vous plaît.

2 Coche l'option ou les options correcte(s).

1) Qu'est-ce que vous voulez ?
   - a) Un sandwich au jambon. ☒
   - b) Non, merci beaucoup. ☐
   - c) De l'eau, s'il vous plaît. ☒

2) Vous voulez du lait froid ?
   - a) Désolé, j'ai mal à la jambe. ☐
   - b) Je ne bois pas de lait. ☐
   - c) Merci, j'adore ça. ☐

3) Et vous, qu'est-ce que vous prenez ?
   - a) Une tarte au chocolat et un jus de fruits, s'il vous plaît. ☐
   - b) C'est une erreur. ☐
   - c) Rien merci, je n'ai pas faim. ☐

4) Vous désirez ?
   - a) Apportez-moi un chocolat chaud. ☐
   - b) Je voudrais un sandwich. ☐
   - c) Désolé, monsieur. ☐

5) Monsieur, quel est le problème ?
   - a) Il y a une erreur. ☐
   - b) Vous vous êtes trompé. ☐
   - c) Voilà le jus d'orange. ☐

6) Pourquoi tu prends un sandwich maintenant ?
   - a) Parce que j'ai très faim. ☐
   - b) Parce que j'ai mal aux dents. ☐
   - c) Parce qu'il fait beau. ☐

3 Qu'est-ce que Lisa, Luc et Ludovic prennent pour le petit-déjeuner ?

①

②

③

1) Lisa prend _des tartines,_ _____

2) Luc prend _____

3) Ludovic prend _____

4 Arnaud est un peu difficile. Complète.

● Arnaud, tu es en retard, prends ton petit-déjeuner ! Tu veux _du_ lait ?

■ Non, _____.

● Tu veux _____ chocolat ?

■ Non, _____.

● Tu veux _____ yaourt ?

■ Non, _____.

● Tu veux _____ jus de fruits ?

■ Non, _____.

● Alors mange au moins quelque chose ! Prends _____ tartines !

■ Non, _____.

● _____ croissant !

■ Non, _____.

● _____ pain complet avec _____ beurre et _____ confiture !

■ Non, _____.

● _____ biscottes !

■ Non, _____.

● Désolé, tu ne peux pas partir le ventre vide.

■ C'est parfait papa, je reste à la maison !

5 Relie les deux colonnes.

A Elle adore ————⊙

B Elle prend ————⊙

C Elle n'aime pas ————⊙

D Elle ne veut pas ————⊙

⊙———— **1** le lait

⊙———— **2** des bonbons

⊙———— **3** de thé

⊙———— **4** du chocolat

⊙———— **5** un sandwich au fromage

⊙———— **6** les sandwichs végétariens

⊙———— **7** du pain

⊙———— **8** un jus de fruits

⊙———— **9** des croissants

⊙———— **10** de biscuits salés

⊙———— **11** la confiture

⊙———— **12** du café

6 Bon appétit ! Complète.

● Garçon ! S'il vous plaît ! Apportez-moi : _du_ café, _____ sucre, _____ pain, _____ beurre, _____ confiture, _____ miel, _____ sandwich au fromage, _____ eau bien froide, et _____ croissants !

■ C'est tout ?

● Oui, je n'ai pas beaucoup d'appétit aujourd'hui !

7 Complète avec l'article qui convient.

1) ● Tu as fini _la_ boîte de chocolats !!! Ce n'est pas possible !

■ Eh oui, j'adore _____ chocolat. Je mange toujours _____ chocolat.

2) ● Tu ne prends pas _____ fromage ?

■ Non, je déteste _____ fromage.

● Comment ??? Tu n'aimes pas _____ fromage ???

■ Ce n'est pas très normal pour un Français !

Module 5 Leçon 1

8 Remets le dialogue en ordre. Ensuite, écoute et vérifie.

○ ■ Deux… Et un café au lait, s'il vous plaît.

① ● Bonjour, monsieur ! Qu'est-ce que vous prenez ?

○ ● D'accord… Deux brioches et un café au lait.

○ ■ Excusez-moi, heu… je préfère deux croissants.

○ ■ Non, non, pardon. Apportez-moi un café noir.

○ ■ Je ne sais pas… heu… Vous avez des brioches ?

○ ● Bon, alors deux croissants et un café noir.

○ ● Oui, bien sûr ! Combien de brioches voulez-vous ?

○ ● Pas de problème, un café noir pour monsieur !!!

○ ● Mmm… Ce n'est pas grave ! Alors deux croissants et un café au lait !

○ ● Non, finalement je voudrais seulement un café noir.

Maintenant, recopie le dialogue.

_____ _____

_____ _____

_____ _____

_____ _____

9 Complète les verbes.

1) Tu prends un café avec moi ?
2) Qu'est-ce que vous pren_____ ?
3) Elle pren_____ des biscottes.
4) Vous pren_____ des biscuits avec du lait.
5) Moi, je pren_____ un coca et des chips.
6) Nous, à la maison, on pren_____ des tartines.
7) Nous pren_____ le petit-déjeuner à 7 heures.

10 Écoute bien. Tu entends le son [v] de *voiture* ?

	1	2	3	4	5	6	7	8	9
Oui	X								
Non									

11 Complète avec le verbe *prendre* et indique les personnes.

Il / Elle / On
P R E N D

Module 5 Leçon 2

À la plage

1 Complète.

1) Elle est rousse,
petite,
grosse
et très sympathique.

Il est ____roux____,
_____,
_____
et _____.

2) Il est beau,
intelligent,
timide
et très dynamique.

Elle est _____,
_____,
_____
et _____.

2 Qui est-ce ? Identifie les silhouettes et complète les phrases.

1) C'est ___la sœur___ de Sonia.
Elle est très _____ et _____.
C'est _____ qui
_____.

3) C'est la _____ d'Adrien.
Elle a _____.
C'est _____ qui
_____.

2) C'est _____ de Sonia.
Il _____ un _____ gros.
C'est _____ qui
_____.

4) C'est le _____
d'Adrien. Il a 3 ans.
C'est _____ qui
_____.

3 ÉNIGMES : HISTOIRE DE FAMILLE.

1) M. et Mme Lagardère ont 5 garçons qui ont chacun une sœur. Combien de personnes y a-t-il dans cette famille ?

_____

2) Dans la famille Réverbère, chaque frère a au moins une sœur et un frère, et chaque sœur a au moins un frère et une sœur. Combien y a-t-il d'enfants au minimum dans cette famille ?

_____

3) 2 pères et 2 fils sont assis autour d'une table ; sur cette table se trouvent 4 oranges. Chacun en prend une et suite à cela, il reste une orange sur la table. Contrairement à ce que vous pourriez croire, il n'y a pas de contradiction. Alors ?

_____

4 Corrige ces informations sur la famille de Sonia.

1) La sœur de Sonia est petite et blonde. C'est une fille qui est très coquette. Elle pense qu'elle est idiote.

   La sœur de Sonia est grande et rousse.

   _____

   _____

2) Sonia est brune comme sa mère. Elle adore la tenue d'été de son papa : un pantalon à pois et des sandales.

   _____

   _____

   _____

3) La maman de Sonia est blonde. C'est une femme qui est très intellectuelle. Elle adore le basket et le rugby.

   _____

   _____

   _____

4) Alexi est la sœur d'Adrien. C'est une petite fille adoptée qui a un très beau sourire.

   _____

   _____

   _____

5 Où sont les étoiles de mer ?

1) _entre_ les algues
2) _____ le poisson
3) _____ le crabe
4) _____ le rocher
5) _____ le poulpe

6 Écoute et entoure les syllabes où tu entends le son [ɛ] de *mère*.

1) Claire est infirmière. Elle est très aimable.
2) Danièle est une secrétaire américaine.
3) Alain porte des chaussettes vertes.
4) Hélène n'a pas de frères ni de sœurs.
5) Regardez la couleur bleu clair de la mer. C'est super !

Module 5 Leçon 3

Quelle heure est-il ?

1 Relie les heures.

A 10 : 45
B 09 : 15
C 08 : 40
D 00 : 10
E 12 : 30

1 minuit dix D
2 neuf heures moins vingt C
3 midi et demie E
4 onze heures moins le quart A
5 neuf heures et quart B

2 Complète.

1) Je _me_ réveill_e_
2) Tu _____ lav__
3) Elle _____ douch__
4) Nous _____ habill__
5) Vous _____ promen__
6) Ils _____ couch__

3 Complète les phrases à l'aide des dessins.

1) Quelle _heure_ est-il ?
Il est _deux_ heures _et_ demie.

2) _Quelle_ heure est-il ?
Il est minuit ~~neuf~~ heures moins le quart

3) Quelle _heure est-il_ ?
Il est dix heures moins vingt-cinq.

4) _Quelle heure est-il_ ?
Il est trois heures cinq.

5) _Quelle heure est-il_ ?
Il est midi et quart.

4 Les moments de la journée et les repas. Que fait Marie ?

Le _matin_, à 8 h, elle prend son _____.

À _____, elle _____.

L'_____, à 4 heures, elle _____.

Le _____, à 20 heures, elle _____.

5 Complète avec le verbe se laver.

Tu _te_ laves
Nous nous lavons
Vous vous lavez
ils Elles se lavent
Elle il on se lave
Je me

6 **Fifi la fourmi. Complète à l'aide des verbes.**

se maquiller • prendre • travailler • se doucher • sonner • transporter • se reposer • s'habiller • écouter • se coiffer • se réveiller • déjeuner

Il est 5 heures du matin. Le réveil _Sonne_.

Fifi _se réveille_. Elle est contente.

Elle _prend_ son petit-déjeuner préféré : des céréales grillées.

Elle _se douche_, elle _s'habille_.

Fifi est très coquette : elle _se maquille_ et elle _se coiffe_.

Fifi est ouvrière. Elle _se travaille_ dans le jardin public. Elle _transporte_ des graines.

À midi, elle arrête. Elle _déjeune_ à la cantine avec ses collègues.

L'après-midi, elle _se repose_. Elle _écoute_ des CD avec sa meilleure copine, Mimi la cigale.

Pas d'école, pas d'avenir !
Aidons le Sénégal
QUINZAINE DE L'ÉCOLE PUBLIQUE DU 5 AU 18 MAI 2003

ÉCOLE

PAUVRETÉ   TRAVAIL DES ENFANTS   ÉLEVAGE

Chrisany

Partout en France, de nombreux élèves
se mobilisent pour les enfants du Sénégal,
en vendant les vignettes
de la Quinzaine de l'école publique.

Si tu veux participer à cet élan
de solidarité et permettre à tous les enfants
du Sénégal d'aller à l'école, d'avoir des livres
et des cahiers, des fournitures scolaires...

Parles-en avec tes copains à l'école,
dans ton collège ou ton lycée avec les profs.

La Ligue

LA LIGUE DE L'ENSEIGNEMENT
3, RUE RÉCAMIER
75341 PARIS CEDEX 07

Plus d'infos sur www.laligue.org

1 Lis l'affiche et coche d'une croix la bonne réponse.

Ce document est...
a) un article de journal sur l'enfance au Sénégal. ☐
b) la publicité d'un conte africain. ☐
c) la publicité d'une campagne de solidarité. ☐

2 À qui s'adresse-t-il ?

3 Observe l'illustration. Quelles raisons privent ces enfants d'aller à l'école ?

4 Qu'est-ce qui sera possible grâce à cette campagne ?

5 Où peut-on chercher des informations complémentaires ?

Test de compréhension orale

1 Un réveil difficile

a) Lis et observe. Tu comprends tout ?

① Qui réveille qui ?
- a) Une fille réveille son père. ☐
- b) Un frère réveille sa sœur. ☐
- c) Un père réveille sa fille. ☐

② À quelle heure il faut que Stéphanie se réveille ?
- a) À 7 h 10. ☐
- b) À 7 h 20. ☐
- c) À 7 h 30. ☐

③ Aujourd'hui,...
- a) elle est très fatiguée. ☐
- b) elle ne veut pas aller au collège. ☐
- c) elle est malade. ☐

④ D'après son père,...
- a) elle se couche trop tard. ☐
- b) elle travaille trop. ☐
- c) elle fait beaucoup de sport. ☐

⑤ Stéphanie...
- a) est très contente parce qu'elle a bien dormi. ☐
- b) reproche à son père de ne pas l'avoir réveillée. ☐
- c) commence à pleurer. ☐

⑥ Pourquoi pour Stéphanie il est important d'être à l'heure ?
- a) Parce qu'elle a un examen. ☐
- b) Parce qu'elle a une sortie. ☐
- c) Parce qu'elle a un rendez-vous. ☐

⑦ Quelles heures tu entends ?
- a) 7 h 05 ☐
- b) 7 h 10 ☐
- c) 7 h 15 ☐
- d) 7 h 20 ☐
- e) 7 h 25 ☐
- f) 7 h 30 ☐

⑧ Quelles phrases il utilise pour réveiller Stéphanie ?
- a) Réveille-toi. ☐
- b) C'est l'heure de se lever. ☐
- c) Allez, lève-toi. ☐
- d) Tu te lèves, oui ou non ? ☐
- e) Habille-toi. ☐
- f) Prends ton petit-déjeuner. ☐

b) Maintenant, écoute et coche d'une croix la bonne réponse.

2 ENTRAÎNEMENT AU RÉSUMÉ. Souligne l'option correcte et, ensuite, recopie le résumé dans ton Portfolio.

Stéphanie a des amis / des problèmes / un réveil automatique pour se lever. Son père / Son frère / Son grand-père l'appelle 4 fois, mais elle ne répond pas / ne se lève pas / n'entend pas. À 7 h 30 / 8 h 30 / 9 h 30, elle se rend compte de son erreur / de l'heure / du jour de la semaine. Hier / Demain / Aujourd'hui, elle a un examen / reste au lit / est à l'heure et son père ne l'a pas réveillée.

Test 30 / 30 à l'écrit

1 **Quelle heure est-il ?**

1) 7 h 10 : _____   3) 00 h 30 : _____

2) 12 h 15 : _____   4) 9 h 45 : _____

⟩ 4

2 **Trouve la question.**

1) _____ ? Elle est brune et grande.

2) _____ ? Je prends du lait et des tartines.

3) _____ ? Je me réveille à 7 h.

4) _____ ? Il est sur la table.

5) _____ ? Je voudrais un thé et une brioche.

6) _____ ? Je me coiffe.

⟩ 6

3 **Décris Gisèle, la sœur jumelle de Damien. Elle est totalement identique.**

Damien est grand, roux et un peu gros. Il a les cheveux courts et des yeux marron. Il est beau et très sympathique.

Gisèle est _____

_____

_____

⟩ 5

4 **Où est M. Smith ?**

Il est _____ un parasol, couché _____ une serviette rouge, _____ la mer et _____ une dame.

⟩ 4

5 **Complète la lettre de Bernard à Victor.**

Cher Victor,

Voici une journée au pensionnat : Je _____ à 6 h 30 du matin ! Je _____ et je _____. Après, je _____ un bon petit-déjeuner : _____ œufs, _____ jus de fruits, _____ lait et _____ tartines. Les cours commencent à 8 heures. À midi, _____ s'arrête et je _____ à la cantine. L'après-midi : 2 heures de cours, le goûter, des activités et les devoirs. Finalement, je _____ à 19 h. Je regarde la télé et je me couche vers 21 h 30. Passionnant !!! non ??? Écris-moi vite, je suis vraiment triste.

Bernard

⟩ 11

SCORE : ⟩ 30

Facile ou difficile ? La grammaire, pour quoi faire ?

Quelle est ton opinion ? Coche d'une croix.

	d'accord	pas d'accord
① La grammaire, c'est compliqué ! Je ne comprends rien !	☐	☐
② C'est facile. Ça clarifie.	☐	☐
③ Faire de la grammaire ne sert à rien ! Ce qu'il faut c'est écouter, parler.	☐	☐
④ Moi, ça m'aide à comprendre comment fonctionne une langue.	☐	☐
⑤ Mémoriser les règles de grammaire aide à parler et à écrire.	☐	☐
⑥ C'est très utile pour faire des comparaisons entre les langues.	☐	☐
⑦ Faire des exercices de grammaire m'ennuie !	☐	☐
⑧ Observer dans la langue des phénomènes qui se répètent et déduire la règle qui se cache derrière, c'est amusant.	☐	☐
⑨ Pour moi, savoir parler une langue, c'est connaître sa grammaire.	☐	☐
⑩ Pour moi, savoir une langue, c'est pouvoir comprendre un film, une BD, une poésie...	☐	☐
⑪ La grammaire, c'est pareil à l'oral et à l'écrit.	☐	☐
⑫ La grammaire, c'est le cœur de la langue.	☐	☐

Discutez entre vous à partir de vos réponses puis tous ensemble avec le professeur.

auto-évaluation

Ton score à l'oral : ⁄ 30
Ton score à l'écrit : ⁄ 30

Qu'est-ce que tu sais très bien faire ?

Je sais : Commander un petit-déjeuner.

Présenter et décrire les membres d'une famille.

Situer dans l'espace.

Décrire les activités quotidiennes.

Demander et dire l'heure.

Qu'est-ce que tu sais faire moins bien ?

Utiliser les articles partitifs.

Distinguer et utiliser certains adjectifs irréguliers.

Conjuguer le verbe *prendre* au présent.

Lire et prononcer les sons [ɛ] de *dromadaire* et [v] de *verre*.

Nombre de : _____

Nombre de : _____

Je vais réviser : _____

_____

LEXIQUE

Traduis dans ta langue ou illustre les mots avec des dessins.

à côté de _____

après-midi (masc. ou fém.) _____

beau / belle _____

beurre (masc.) _____

biscuit (masc.) _____

blond(e) _____

bol (masc.) _____

brun(e) _____

casquette (fém.) _____

chapeau (masc.) _____

chaussette (fém.) _____

confiture (fém.) _____

déjeuner _____

derrière _____

devant _____

dîner _____

fou / folle _____

frère (masc.) _____

fromage (masc.) _____

fruit (masc.) _____

goûter _____

grand-mère (fém.) _____

grand-père (masc.) _____

gros / grosse _____

jambon (masc.) _____

jeune _____

jupe (fém.) _____

jus d'orange (masc.) _____

lait (masc.) _____

long / longue _____

maillot de bain (masc.) _____

midi (masc.) _____

mince _____

minuit (masc.) _____

œuf à la coque (masc.) _____

pain grillé (masc.) _____

petit-déjeuner (masc.) _____

réveil (masc.) _____

roux / rousse _____

sable (masc.) _____

se brosser les dents _____

se coiffer _____

se coucher _____

s'habiller _____

se laver _____

se lever _____

se réveiller _____

serviette (fém.) _____

sœur (fém.) _____

soir (masc.) _____

sous _____

sur _____

tartine (fém.) _____

tee-shirt (masc.) _____

vieux / vieille _____

yaourt (masc.) _____

_____

_____

_____

_____

_____

> Écris d'autres mots que tu as appris dans ce module.

Module 6 — Leçon 1

Aimes-tu l'aventure ?

1 Fais des phrases avec un élément de chaque colonne.

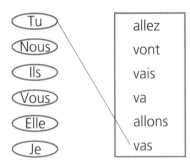

Tu	allez	aux	hôtel
Nous	vont	à la	gymnase
Ils	vais	à l'	école
Vous	va	au	montagne
Elle	allons	à l'	îles Baléares
Je	vas	au	restaurant

2 Avant d'aller chez sa grand-mère, le Petit Chaperon Stressé va…

1) _au_ resto. 2) _____ hôpital. 3) _____ gymnase. 4) _____ zoo. 5) _____ piscine.

3 Complète avec le verbe *aller*.

1) • Où est-ce que vous _allez_ ?
   ▪ Nous _____ au cinéma, tu veux venir ?
2) • Tu _____ déjeuner à la maison ?
   ▪ Non, je _____ au resto.
3) • Où est-ce qu'on _____ maintenant ?
   ▪ Nous _____ à la bibliothèque.

4) • Elles _____ à la plage ?
   ▪ Non, elles _____ à la piscine.
5) • Ce soir, où est-ce qu'on _____ ?
   au ciné ou au théâtre ?
   ▪ Je ne sais pas. On _____
   peut-être chez Marie.

4 Complète avec le verbe qui convient.

Mes voisins _sont_ très sympathiques et intrépides. Ils adorent les sports d'aventure. Ils _____ en pleine forme. Ils _____ du parapente, du rafting, de l'escalade… Le week-end, ils _____ à la montagne. Ils _____ une force extraordinaire.

> **Quels sont les 4 verbes qui ne se terminent pas par *-ent* à la 3e personne du pluriel ?**
>
> _____ _____ _____ _____

5 Le labyrinthe. Où vont-ils ? Pour quoi faire ? Complète et dis pourquoi.

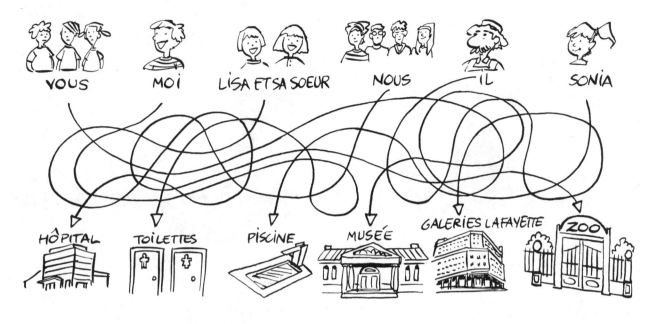

1) Moi, je _____ pour _____ .

2) Nous _____ parce que _____ .

3) Lisa et sa sœur _____ pour _____ .

4) Il _____ pour _____ .

5) Vous _____ parce que _____ .

6) Sonia _____ pour _____ .

6 Écoute et indique si tu entends le son [g] de *garçon*.

	1	2	3	4	5	6	7	8	9	10
Oui	X									
Non										

7 Écoute et complète avec les graphies « g » ou « gu ».

1) _Gu_illaume, le ___ara___iste, va faire un grand voya___e en Norvè___e avec ___abriel
___érini, le ___ide forestier.

2) Pour ___oûter, ___éraldine mange un ___ros ___âteau au ___in___embre.

3) J'ai acheté une ___abardine ___rise, très légère et très élé___ante dans un vieux ma___asin
à Copenha___e.

4) Comme il est extrava___ant, ___aston ! Il joue de la ___itare avec des ___ants rou___es
et blancs !

Module 6 Leçon 2

Les saisons

1 **Indique le numéro de la saison.**

En hiver **1**
En été **2**
En automne **3**
Au printemps **4**

il fait beau : _2 et 4_
il fait chaud : _____
il pleut : _____
il y a du vent : _____
il neige : _____
il fait froid : _____

le ciel est gris : _____
le soleil brille : _____
il y a de gros nuages : _____
le ciel est bleu : _____
les oiseaux chantent : _____
les feuilles tombent : _____

2 **Indique la saison et décris le paysage.**

1) _____

3) _____

2) _____

4) _____

3 **Associe deux couleurs à chaque saison.**

1) L'hiver, c'est _____.

2) L'été, c'est _____.

3) L'automne, c'est _____.

4) Le printemps, c'est _____.

4 Complète avec *moi, toi, lui* ou *elle*, en fonction du pronom souligné.

1) <u>Je</u> suis très contente parce que Louise vient au cinéma avec ___*moi*___ .

2) <u>Tu</u> exagères ! Tu prends le paquet de bonbons pour _____ tout seul !

3) <u>Elle</u> pense que c'est bien. Pour _____, c'est une bonne idée.

4) <u>Je</u> suis triste parce que tu ne restes pas avec _____.

5) <u>Tu</u> ne trouves pas les clés ? Alors regarde derrière _____.

6) <u>Il</u> n'est pas d'accord avec les autres. Pour _____, tout est incorrect !

7) <u>J'</u>adore nager, courir, faire du jogging, pour _____, le sport c'est génial !

5 Écoute et entoure la syllabe où tu entends le son [s] de *cent*.

1) Cent serpents asiatiques dansent au son de soixante-six sifflets.

2) L'assassin a cassé un vase rose dans la cuisine. La police a des indices.

3) Cécile se sent bien quand elle fait sa sieste sous le mimosa.

4) Zoé révise sa leçon de français, en silence, assise sur une chaise grise.

5) Lucie, la sardine sexy, donne des cours de sirtaki à Sergei un poisson russe.

6 Cherche les rimes et mets en ordre ce poème.

Qu'est-ce que c'est ?
Moi, pour être sincère
Lui, au printemps
Pour elle, l'automne
Il est toujours content
Et pour toi, l'été
C'est triste et
monotone
La liberté !
Je déteste l'hiver

Souvenirs de vacances

1 Écoute la chanson et complète à l'aide de la boîte à phrases.

Le moment idéal

1 C'est _____.

2 _____ dans le noir.

3 C'est _____

4 Pour _____.

5 Je _____

6 Et nous _____.

---

1 C'est _____.

2 _____, je suis très bien.

3 C'est _____

4 Pour _____.

5 Je _____

6 Et nous _____.

---

1 C'est _____.

2 _____, le ciel est gris.

3 C'est _____

4 Pour _____.

5 Je _____.

6 Et nous _____.

---

1 Il fait froid. C'est l'hiver.

2 Je mets 3 pull-overs.

3 C'est _____

4 Pour _____.

5 Je _____

6 Et nous _____.

BOÎTE À PHRASES

1) C'est…
dimanche matin.
samedi soir.
l'hiver.
lundi après-midi.

2) Il y a du soleil,
La lune brille
Il y a des nuages,

3) C'est…
un jour idéal
la nuit idéale
l'époque idéale
le moment idéal

4) Pour…
lire des poésies.
aller prendre un bain.
une soirée spéciale.
changer d'atmosphère.

5) Je…
téléphone à Albert
téléphone à Mylène
téléphone à Natacha
téléphone à Sophie

6) Et nous…
allons à la mer.
allons aux Canaries.
récitons du Verlaine.
allons à l'opéra.

2 Écoute et souligne la phrase entendue.

1) a) J'ai visité la tour Eiffel.
   b) Je visite la tour Eiffel.
   c) Je visiterai la tour Eiffel.

2) a) J'ai marché dans la rue.
   b) Je marche dans la rue.
   c) Je marcherai dans la rue.

3) a) J'ai regardé la télé.
   b) Je regarde la télé.
   c) Je vais regarder la télé.

4) a) J'ai visité tous les musées.
   b) Je visite tous les musées.
   c) Je vais visiter tous les musées.

5) a) J'ai rencontré des gens très sympas.
   b) Je rencontre des gens très sympas.
   c) Je rencontrerai des gens très sympas.

6) a) J'ai téléphoné à Paul.
   b) Je téléphone à Paul.
   c) Je vais téléphoner à Paul.

3 Choisis la bonne option et complète.

1) _____, nous avons dîné au restaurant.
   a) Mardi prochain ☐   b) Hier ☐   c) Demain ☐

2) _____, elle fera de l'aérobic.
   a) L'année prochaine ☐   b) Hier après-midi ☐   c) L'année dernière ☐

3) _____, j'ai visité le village.
   a) En ce moment ☐   b) Hier ☐   c) D'habitude ☐

4) _____, nous allons au cinéma.
   a) Tous les soirs ☐   b) La semaine dernière ☐   c) Hier ☐

5) _____, vous irez au théâtre.
   a) La semaine dernière ☐   b) Hier matin ☐   c) Demain soir ☐

6) _____, je vais à la plage.
   a) En été ☐   b) L'année dernière ☐   c) Hier ☐

4 Indique si l'action est au passé (P), au présent (PR) ou au futur (F).

1) Nous avons visité l'église. (P)

2) J'ai pris des photos. ◯

3) Nous allons faire un tour en Bretagne. ◯

4) Vous regardez l'album de vacances ? ◯

5) Je vais prendre le train de 6 h. ◯

6) Il est arrivé en retard. ◯

7) Je prends mon parapluie. ◯

8) Vous irez à la plage ? ◯

5 Où vas-tu passer tes vacances ? Retrouve les mots de la liste dans la grille.

Pour t'aider, les lettres « A » et « N » sont déjà en place.

bateau   île   ranch
camping   lune   roulotte
campagne   Mali   ville
château   mer   village
colonie   montagne   plage
hôtel   Norvège
Italie   piscine

6 Lulu est en vacances. Qu'est-ce qu'elle écrit à son petit copain ? Décode le message.

Remplace chaque signe par la lettre correspondante.

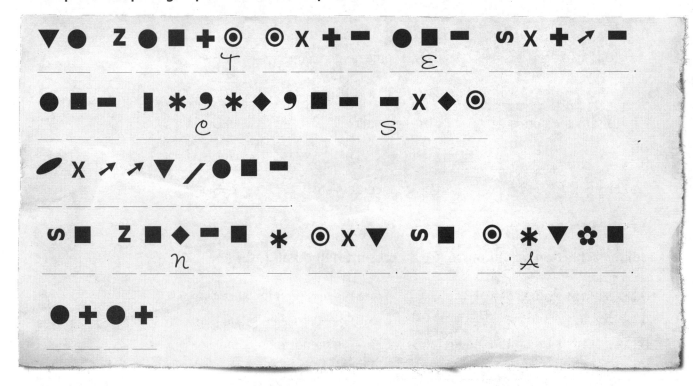

Les Mousquetaires

Un peu d'histoire...

En 1622, le roi Louis XIII crée sa propre compagnie de mousquetaires. Comme leurs chevaux sont gris, on les appelle les mousquetaires gris. Ceux qui servent le roi portent des capes bleues, ceux qui servent le cardinal Richelieu, des capes rouges.

Tous pour un, un pour tous !

Plus de 20 films aujourd'hui racontent les aventures des Trois Mousquetaires. Sais-tu qui a écrit cette histoire ?

Un roman d'Alexandre Dumas

En 1844, cet écrivain français publie dans un journal les aventures de d'Artagnan et des trois mousquetaires, Athos, Porthos et Aramis. Aussitôt, c'est un succès.

Une histoire de cape et d'épée

La devise de ces compagnons inséparables est « Tous pour un, un pour tous ! » Ensemble, ils déjouent les complots qui menacent Louis XIII ou la reine.
Ils combattent à l'épée et vivent des histoires d'amour à la cour.
Ils triomphent toujours.

Des mousquetaires bien réels

Les héros de Dumas n'ont pas vécu sous Louis XIII, mais sous Louis XIV. D'Artagnan a vraiment existé. Il s'appelait Charles de Batz-Castelmore. Il fut lieutenant-capitaine chez les mousquetaires du Roi-Soleil et mourut à la guerre.

Texte de Catherine Loiseau
© Image Doc, Bayard Jeunesse, 2003

LANA **TURNER** GENE **KELLY** JUNE **ALLYSON** VAN **HEFLIN** ANGELA **LANSBURY**
LES TROIS MOUSQUETAIRES
MORGAN PRICE WYNN SUTTON YOUNG
Technicolor

Halte, braves gens ! Avant de répondre aux questions, soulignez les mots que vous comprenez et entourez les mots que vous ne comprenez absolument pas.

Lis les textes et réponds.

1) Quels vêtements distinguent les mousquetaires ?
_____

2) Quelle est leur devise ?
_____

3) Ce sont des héros de roman. Pourquoi ?
_____
_____
_____

4) Quel est l'auteur du livre « Les Trois Mousquetaires » ?
_____

Test de compréhension orale

1 Projets de vacances

a) Lis et observe. Tu comprends tout ?

① Ce document est...

a) une émission de radio. ☐
b) un programme de télé. ☐
c) un concours. ☐
d) une interview. ☐
e) un reportage. ☐

② Qui parle ?

a) Des élèves et un professeur. ☐
b) Un journaliste à des élèves. ☐
c) Des étudiants et un professeur universitaire. ☐

③ L'action se passe...

a) à l'Université Paul Valéry. ☐
b) au lycée Victor Hugo. ☐
c) au collège Jules Ferry. ☐

④ Les questions portent sur...

a) la vie en famille. ☐
b) les projets de vacances. ☐
c) la vie scolaire. ☐

⑤ Les personnes interviewées ont entre...

a) 12 et 14 ans. ☐
b) 13 et 16 ans. ☐
c) 14 et 16 ans. ☐

⑥ Quelles activités vont-ils réaliser ?

a) Aller à la plage dans le sud. ☐
b) Faire un voyage en famille. ☐
c) Vivre dans une roulotte. ☐
d) Visiter l'Italie. ☐
e) Aller en Allemagne. ☐
f) Rester à la maison. ☐
g) Faire de l'escalade. ☐
h) Chercher des insectes. ☐
i) Suivre un cours d'allemand. ☐
j) Faire du camping. ☐
k) Visiter la Suisse. ☐
l) Aller chez leur grand-mère. ☐
m) Aller en Bretagne. ☐
n) Faire de la marche. ☐
o) Faire des maquettes. ☐

b) Maintenant, écoute et coche d'une croix la bonne réponse.

2 ENTRAÎNEMENT AU RÉSUMÉ. Souligne les erreurs de ce résumé, après écris la bonne version dans ton Portfolio.

De vieux mathématiciens du collège Paul Valéry répondent à la question d'un docteur : « Qu'est-ce que vous pensez faire au printemps ? ». Il y a une grande variété de projets : voyager en famille, partir sur la lune, faire du camping, travailler en Bretagne... Seulement un Martien restera à la maison. Il en profitera pour faire ses devoirs.

Test 30 / 30 à l'écrit

1 Où va Gigi, la souris ? Pour quoi faire ?

1)	2)	3)
Elle _____ _____ pour _____ _____.	Elle _____ _____ pour _____ _____.	Elle _____ _____ pour _____ _____.

⁄ 9

2 Relie.

A) HIER,

B) AUJOURD'HUI,

C) DEMAIN,

1. je suis à Brest.
2. je reste à l'hôtel.
3. j'ai visité l'aquarium.
4. je suis fatigué.
5. nous partirons pour Nice.

⁄ 5

3 Choisis une saison. Écris ce qu'elle te suggère en une seule phrase.

Pour moi, _____ c'est _____ _____ qui _____ _____ avec _____.

⁄ 2

4 Quel temps fait-il ?

En été, _____.

En hiver, _____.

En automne, _____.

Au printemps, _____.

⁄ 4

5 Écris cette carte postale.

_____ ami,

_____ un petit village _____ les Pyrénées.

Tous les jours on _____ et je vais

_____. Le temps est _____.

Le paysage _____.

_____

(SIGNATURE)

⁄ 10

SCORE : ⁄ 30

Facile ou difficile ? Coopérer en groupe

« Tous pour un, un pour tous ! », telle était la devise
des mousquetaires Aramis, Portos, D'Artagnan et Athos.

Réponds aux questions.

		oui	non
1	Peut-on appliquer la devise des mousquetaires quand on apprend une langue ?	☐	☐
2	On peut coopérer entre faibles et forts ?	☐	☐
3	Le travail individuel est toujours plus efficace ?	☐	☐
4	« Coopérer », c'est se compléter les uns les autres ?	☐	☐
5	Travailler en groupe facilite la coopération ?	☐	☐
6	Quand on travaille en groupe, il y a toujours quelqu'un qui ne fait rien ?	☐	☐
7	On perd du temps quand on travaille en groupe ?	☐	☐
8	On peut coopérer en alternant le travail individuel et le travail en groupe ?	☐	☐
9	Tout le monde peut apporter quelque chose dans le travail en groupe ?	☐	☐
10	On a tous de meilleurs résultats quand on coopère ?	☐	☐

Qu'en pensez-vous ? Comment peut-on coopérer en classe de français ? Pourquoi ?

auto-évaluation

Ton score à l'oral : ___ / 30
Ton score à l'écrit : ___ / 30

Qu'est-ce que tu sais très bien faire ?

Je sais :

- Identifier une action au présent, au passé ou au futur.
- Écrire une carte postale.
- Indiquer le temps qu'il fait.
- Utiliser *à* + les articles définis.

Qu'est-ce que tu sais faire moins bien ?

- Utiliser les pronoms personnels *moi, toi, elle, lui* après une préposition.
- Conjuguer le verbe *aller* au présent.
- Lire et prononcer les sons [g] de *gorille*, [wa] de *soir*.
- Lire et prononcer le son [s] de *soir, s'asseoir* et *balançoire*.

Nombre de : _____

Nombre de : _____

Je vais réviser : _____

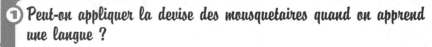

LEXIQUE

Traduis dans ta langue ou illustre les mots avec des dessins.

aller _____

à bientôt _____

à la semaine prochaine _____

automne (masc.) _____

branche (fém.) _____

carte postale (fém.) _____

cher / chère _____

danger (masc.) _____

embrasser _____

été (masc.) _____

grosses bises _____

grotte (fém.) _____

hiver (masc.) _____

il fait beau _____

il fait chaud _____

il fait froid _____

il neige _____

il pleut _____

il y a du soleil _____

nuage (masc.) _____

parapluie (masc.) _____

piqûre (fém.) _____

printemps (masc.) _____

prudent(e) _____

rideau (masc.) _____

saison (fém.) _____

s'entraîner _____

singe (masc.) _____

souvenir (masc.) _____

téméraire _____

voyage (masc.) _____

voisin(e) _____

Écris d'autres mots que tu as appris dans ce module.

_____

_____

_____

_____

_____

_____

_____

_____

_____

_____

_____

_____

_____

Activités complémentaires

1 **Sépare les mots et recopie les phrases.**

1) Commenttut'appelles ?

Comment...

2) Jem'appelleJacquesBond ?

3) C'estuncodesecret ?

4) Qu'est-cequ'ilyadanslesacdeCharlotte ?

5) Qu'est-cequ'ilfautfaireencoursdefrançais ?

6) C'estàquellepage ?

7) Commentonditenespagnol« chaise » ?

2 **Villes de France. Neuf noms de villes de France sont coupés en deux. Trouve-les.**

PA — NÎ — STRAS — NAN — TOU — BOR
MONT — MAR — RIS — DEAUX — LI — PELLIER
LLE — MES — LOUSE — SEILLE — TES — BOURG

PARIS,

1 LA ROUE.

a) Lis, sépare les mots et recopie le texte.

_____

_____

_____

_____

b) Souligne en rouge les groupes sujets et en bleu les verbes.

2 Boîtes à phrases. a) Retrouve la phrase de chaque boîte et recopie-la.

A	B	C
manger • j' • des adore • spaghettis	au • participe Tina • championnat	amies • Tina • sont sympathiques • les • très de

A : _____

B : _____

C : _____

b) Souligne en rouge les groupes sujets et en bleu les verbes.

3 Auto-dictée. Lis et complète.

1) L__ ami__ de Julie sont très sympathiqu___.

2) Nous, l__ fill__, nous sommes génial___.

3) _____ sont grands, ils _____ formidabl___, _____ _____ joueurs de basket.

4) _____ êtes grand___, vous _____ élégant___, _____ _____ fantastique___ !

5) Dans _____ sac, _____ l__ livre__ de français et l__ dictionnaire.

Quelles sont tes erreurs ?

_____

_____

a) Souligne en rouge le groupe sujet et en bleu le verbe de chaque phrase.

b) Dans une phrase, qu'est-ce qu'on met au début, le sujet ou le verbe ?

_____

1 **L'ordinateur de Jean-David est un peu fou. Remets sa lettre en ordre.**
Pour cela, observe bien les majuscules et la ponctuation.

a) Numérote.

(1) Je cherche des correspondants garçons et filles ( ) la télé et les jeux vidéo. ( ) écrivez-moi ! ( ) anglais ou espagnol, ( ) très sociable et sympathique. ( ) et quinze ans et que vous parlez français, ( ) de toute l'Europe. ( ) J'aime le sport, ( ) Alors, si vous avez entre douze ( ) Je suis

b) Récris en ordre la lettre de Jean-David.

_____

_____

_____

_____

2 **Boîtes à phrases. a) Remets dans l'ordre la phrase de chaque boîte.**

A	B	C
j' • une • très correspondante • ai italienne • sympathique	Mexico • est • de • le copain • Jean • de	le • horrible • a • perroquet un • de • Wilma caractère

A : _____

B : _____

C : _____

b) Souligne les groupes sujets en rouge et les verbes en vert.

3 **La lettre de Maria à Suzanne. Complète.**

Chère Suzanne

_____ ! Je _____ Maria. J'____ 12 _____, j'habite à Madrid.

Je _____ très sympathique mais un peu _____.

À l'école, _____ l'anglais et le _____. Mes copains _____

classe _____ très sympathiqu_____. Et toi, qu'est-ce que ____ _____ à l'école ?

J'__ un animal de compagnie. C'est _____ chienne adorable. Elle _____ Taba.

Et toi, ____ _____ les animaux ?

Écris-moi vite, j'_____ lire _____ lettres.

À très bientôt ! Maria

1 **Lis et complète : « et » ou « est » ?**

Simba, c'___ ma chatte. Elle a 6 mois ___ vingt ___ un jours exactement. Elle ___ un peu timide ___ très affectueuse. Elle aime beaucoup jouer ___ dormir. Elle ___ adorable ! Je l'aime beaucoup.

2 **Mets les mots en ordre pour retrouver une devinette.**

Je suis	intelligent	sur terre
mammifère	très	les océans
j'adore	un	Je n'habite pas

Qui suis-je ? _____

3 **Complète la lettre, à l'aide de la boîte à mots.**

(1) _____ Zoé,

Je suis (2) _____ (3) _____ j'ai reçu (4) _____.

Le samedi 15, c'est (5) _____. Tu peux (6) _____ ?

Dis-moi si (7) _____. C'est à 17h (8) _____.

(9) _____. Je t'embrasse.

Chantal

1)	au revoir • la belle • chère
2)	absolument furieuse • très contente • malade
3)	parce que • pourquoi • comment
4)	ton chien • ton mail • tes lunettes
5)	la rentrée • l'enterrement de l'escargot • mon anniversaire
6)	venir • me laisser tranquille • travailler
7)	tu es sympathique • tu es petite • tu es libre
8)	à la discothèque • à la maison • à la bibliothèque
9)	merci • au revoir • s'il vous plaît

4 **Complète la pyramide.**

J'ai mal

_____

_____

_____

Moi, j'ai très mal à mon joli genou droit parce que je suis tombé(e) dans l'escalier noir.

1 **Quel est ton petit-déjeuner préféré ?**

Mon petit-déjeuner préféré : _____

_____

_____

_____

2 **À l'aide de la boîte à mots, complète le dialogue.**

> **1)** Vous désirez ? • Qu'est-ce que vous voulez ? • Qu'est-ce que vous prenez ?
>
> **2)** un bol de chocolat • un jus de fruits • un thé • un jus d'orange • un café au lait
>
> **3)** des tartines • une brioche • des céréales • des biscuits • un croissant • des biscottes
>
> **4)** du beurre • du jambon cru • du miel • un yaourt • de la confiture • un verre d'eau

• Bonjour monsieur, (1) _____ ?

■ J'aimerais (2) _____ et (3) _____.

• C'est tout ?

■ Non, apportez-moi aussi (4) _____, s'il vous plaît.

3 **Relis la BD *La matinée de M. Ledistrait* (Livre, p. 53). Ferme le livre et complète le texte.**

Aujourd'hui, c'est dimanche. M. Ledistrait se _____, comme tous les jours, à six _____.
Il se _____ très vite parce qu'il pense qu'il _____ _____ _____. Il prend une
douche, il s'_____ et après il se _____ avec la pâte dentifrice. À sept heures, il
_____ le petit-déjeuner. Il se _____ les dents avec la crème à raser. Finalement, il se
_____ avec la brosse à dents. Dans la voiture, il _____ à la radio l'émission
« Radio Dimanche » et il se dit : « Mon Dieu ! Aujourd'hui, je ne _____ _____ ! »
M. Ledistrait est très _____ !

1 Numérote ces phrases de 1 à 8 pour raconter une histoire.

☐ **a)** Nous avons pris beaucoup de photos laser qu'on va transmettre à la base.

☐ **b)** Nous sommes très contents, les habitants sont très sympathiques mais étranges :

☐ **c)** Maintenant nous sommes devant une vieille tour métallique, archaïque !

☐ **d)** ils font beaucoup de bruit dans la rue et ils marchent seulement avec deux jambes.

1 **e)** Bonjour ! Nous sommes un groupe d'étudiants martiens en visite en France.

☐ **f)** que nous avons connu hier pendant notre visite dans un vieux château très grand mais sans habitants.

☐ **g)** En plus, ils n'ont pas d'antennes et mangent des plantes et des animaux !

☐ **h)** Et cet après-midi nous irons voir une pyramide en verre et en acier avec un Terrien

2 Trouve un titre à cette histoire et recopie-la.

Titre : _____

*Bonjour ! Nous sommes un groupe
d'étudiants martiens en visite en France.*

_____

_____

_____

_____

_____

_____

_____

_____

_____

_____

_____

3 Auto-dictée. Lis et complète.

Je n'___m___ pas b___c___p l'hiver. P___r m___, c'est un___ s___son triste. Il f___t
m___v___s, il neig___, le v___t s___ffle, il pl___t. On ne p___t pas sortir. Il f___t rester
à la m___son.
M___s q___d le pr___temps arriv___, je s___s tr___s content___ !

JANVIER

JANVIER 1
Le jour de l'An
Le 1er janvier, on souhaite une « Bonne Année » à sa famille, ses amis, ses voisins...

JANVIER 6
La fête des Rois
C'est le 6 janvier. On mange une galette où on a caché une fève. La personne qui la trouve devient le roi ou la reine de la fête.

FÉVRIER

FÉVRIER 2
La Chandeleur
C'est le 2 février. Autrefois, c'était la fête des chandelles et on allumait des bougies. Aujourd'hui, on mange des crêpes. Cela porte bonheur de les faire sauter avec une pièce de monnaie dans la main.

FÉVRIER 14
La Saint-Valentin
C'est le 14 février, la fête des amoureux.

Les vacances de neige commencent pour les écoliers. Elles durent 2 semaines.

MARS

Le carnaval
La ville de Nice est la capitale du carnaval en France.

MARS 8
Le 8 mars, on célèbre la **Journée Internationale de la Femme.**

AVRIL

AVRIL 1
Le poisson d'avril
Le 1er avril, on fait des farces. À la fin, on dit « Poisson d'avril ! ». Les enfants accrochent discrètement un poisson en papier sur le dos d'une personne.

AVRIL 20
Le 20 avril, on célèbre la **Journée de la Terre.**

Pâques
Les enfants trouvent dans les jardins des œufs et des lapins en chocolat apportés par les cloches quand elles reviennent de Rome. On mange souvent de l'agneau au repas de famille.

MAI

MAI 1
La fête du travail
Le 1er mai, c'est un jour férié : on s'offre un petit bouquet de muguet parce que ça porte bonheur. Les syndicats défilent dans les rues.

MAI 8
Le 8 mai, on commémore **la victoire** des Alliés et la fin de la Seconde Guerre mondiale en 1945.

MAI 24
Le 24 mai : **Journée internationale de la Paix.**

La fête des Mères
C'est le dernier dimanche du mois.

La finale de la Coupe de France
Grand match de football.

JUIN

Les 24 heures du Mans
Une course automobile internationale.

Le championnat de tennis
Il a lieu au stade Roland-Garros, à Paris.

La fête des Pères
C'est un dimanche vers la mi-juin.

JUIN 21
Le 21 juin : **Fête de la Musique.** Des musiciens amateurs et professionnels de tout âge, seuls ou en groupes, jouent dans les rues.

JUILLET

C'est le début des **grandes vacances** pour les écoliers.

JUILLET 14

La Fête Nationale
Le 14 juillet, on célèbre la prise de la Bastille qui a marqué le commencement de la Révolution en 1789. Il y a des défilés militaires, des bals dans les rues et des feux d'artifice le soir.

Le Tour de France
La course cycliste qui fait quasiment le tour de la France.

Festival de théâtre à Avignon

AOÛT

Grand départ en vacances

AOÛT 15

Le 15 août, c'est un jour férié. C'est une fête catholique pour célébrer **l'Assomption de la Vierge Marie.** On fait souvent un repas en famille.

SEPTEMBRE

La rentrée scolaire
a lieu la première semaine de septembre.

OCTOBRE

OCTOBRE 20

Les vacances scolaires de la Toussaint
commencent, en général, vers le 20 octobre et durent 2 semaines.

NOVEMBRE

NOVEMBRE 1

La Toussaint
Le 1er novembre, on va au cimetière et on met des chrysanthèmes sur les tombes familiales.
Les écoliers ont 2 semaines de vacances.

NOVEMBRE 11

L'Armistice
Le 11 novembre, on célèbre la fin de la Première Guerre mondiale.

NOVEMBRE 20

Le 20 novembre : **Journée internationale de l'Enfance.**

DÉCEMBRE

DÉCEMBRE 1

1er décembre : **Journée internationale de la lutte contre le sida.**

DÉCEMBRE 10

10 décembre : **Journée internationale des droits de l'homme.**

DÉCEMBRE 20

Les vacances scolaires de Noël
commencent, en général, le 20 décembre et durent 2 semaines.

DÉCEMBRE 25

Noël : le 25 décembre. La veille de Noël, on fait un grand repas, appelé le réveillon.
On mange des plats traditionnels comme le foie gras, des huîtres, de la dinde aux marrons et un gâteau appelé « bûche ».
Les enfants se couchent tôt en attendant le père Noël.

DÉCEMBRE 31

Le 31 décembre, c'est **la Saint-Sylvestre.** On se réunit entre amis, à la maison ou au restaurant. À minuit, on boit du champagne et on s'embrasse en se souhaitant « Bonne Année ».
On danse une bonne partie de la nuit.

Noël

1 Lis ce texte en remplaçant les illustrations par des mots. Tu peux consulter la boîte à mots.

> cadeaux • sapin de Noël • père Noël • cheminée • bougies
> dinde • boules • gui • traîneau • bûche de Noël
> rennes • couronnes • dorment • guirlandes

Noël en France

Toutes les maisons se font belles pour attendre Noël : du 🪴, des 🎄, des 🕯️ et sur tout un 🎄 décoré de 〰️ et de ⚪ brillantes.

Le 24 décembre, quand tous les enfants 😴, le 🎅 monte dans son 🛷 tiré par des 🦌.

Il passe par la 🧱 et dépose les paquets sous le 🎄.

Le matin du 25 décembre, tout le monde ouvre ses 🎁 : tout le monde adore les surprises !

À midi, toute la famille est réunie autour de la table : le repas traditionnel c'est la 🦃 aux marrons et, comme dessert, la 🍰 (un gâteau délicieux couvert de chocolat qui a la forme d'un petit tronc d'arbre). On mange, on boit, on s'embrasse...

C'est Noël !

2 Complète ce petit dico illustré.

🪴 _____   🎅 _____

🎄 _____   🛷 _____

🕯️ _____   🦌 _____

🎄 _____   🧱 _____

〰️ _____   🎁 _____

⚪ _____   🦃 _____

😴 _____   🍰 _____

Et chez toi, comment on fête Noël ?

Chansons de Noël

1 Lis et chante.

Vive le vent

Vive le vent, vive le vent

Vive le vent d'hiver,

Qui s'en va sifflant, soufflant

Dans les grands sapins verts.

Oh... Vive le temps,

Vive le temps,

Vive le temps d'hiver,

Boule de neige et jour de l'an

Et bonne année grand-mère !

Joyeux, joyeux Noël

Aux mille bougies,

Quand chantent vers le ciel

Les cloches de la nuit.

Oh... Vive le vent,

Vive le vent,

Vive le vent d'hiver,

Qui rapporte aux vieux enfants

Leurs souvenirs d'hier.

Oh, douce nuit

Douce nuit,

Belle nuit,

C'est Noël aujourd'hui.

Une étoile illumine la nuit

Et le ciel est d'un bleu infini.

Tout est calme

Et tout rêve

Dans la paisible nuit.

Le 2 février : La Chandeleur

Pour la Chandeleur, on mange des crêpes.
La coutume consiste à faire sauter les crêpes en tenant dans une main une pièce de monnaie. Si la crêpe retombe correctement retournée, tu auras de la chance toute l'année…
Tu veux essayer ? Il te faut :

de la farine :
250 gr

du lait : 50 cl

3 œufs

du sel : 1 pincée

du beurre ou de
l'huile pour la
cuisson

du sucre :
2 cuillères à
soupe

un saladier

une cuillère
en bois

une poêle

une louche

1) Verse la farine et le sel dans le saladier.

2) Casse les œufs, mélange avec la cuillère en bois et ajoute progressivement le lait. N'arrête pas de tourner afin d'éviter les grumeaux. Ajoute le sucre et mélange énergiquement.

3) Laisse reposer la pâte pendant une heure.

4) Fais chauffer la poêle avec une noisette de beurre ou très peu d'huile. Verses-y une louche de pâte. Répartis-la bien en faisant bouger la poêle pour obtenir une crêpe fine.

La crêpe est prête à être dévorée !!! Bon appétit !!!

Œufs de Pâques décorés

MATÉRIEL :

des œufs

des images découpées dans des magazines

une grosse punaise ou des ciseaux bien pointus

un pinceau

un récipient

un set de table en plastique ou quelque chose pour protéger la table

de la colle

COMMENT FAIRE ?

Laver les œufs. Les essuyer délicatement.
Percer un trou à chaque extrémité avec la punaise ou les ciseaux.

Au-dessus d'un récipient ou d'une assiette, souffler très fort dans un des trous pour vider l'œuf.

Coller les petits morceaux de papier que vous avez sélectionnés.

Truc ! Pour les grandes pièces de papier faire des fentes tout autour, cela évitera les gros plis.

GRANDE EXPOSITION DES ŒUFS DE PÂQUES :
Offre-les avec un petit message d'amitié à quelqu'un que tu aimes bien.

Blagues

À quelle question est-il impossible
de répondre « oui » sans mentir ?
(¿ sɹop nʇ ənb ǝɔ-ʇs∃)

C'est un chien qui rencontre un crocodile. Le
crocodile dit au chien : « Salut sac à puces ! »
Et le chien lui répond : « Salut sac à main ! »

Un petit chien demande à son père :
« Comment je m'appelle : assis ou couché ? »

Une dame rencontre sa voisine et lui dit :
– C'est horrible, j'ai perdu mon chien.
– Eh bien, passez donc une annonce, suggère
la voisine.
– Mais il ne sait pas lire, répond la dame.

À l'école, le maître apprend la conjugaison
à ses élèves :
– Julie, si c'est toi qui chantes, tu dis…
– Je chante.
– Si c'est ton frère qui chante, tu dis…
– Arrête.

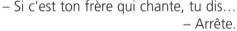

Qu'est-ce qu'on ne peut pas écraser avec
son pied gauche ?
(ǝɥɔnɐƃ pǝıd uoS)

M. et Mme Nastik ont un bébé.
Comment s'appelle-t-il ?
(ǝnbıʇsɐumʎƃ - ʞıʇsɐN ɯıſ)

Comment appelle-t-on une taupe blonde
aux yeux bleus ?
(¡ ǝlǝpoɯ-ǝdnɐʇ ǝu∩)

Poisson d'avril : vive les farces !

1 Découpe et colorie ce *poisson d'avril.*

2 Écris des phrases amusantes sur le poisson. Exemples :

« Admirez-moi, je suis le plus beau (ou la plus belle…) ».
« Tout le monde est idiot, moi aussi ».
« Je suis Miss Univers (ou Mr. Univers) ».

Cherche une victime et colle-lui de façon très, très subtile ton poisson d'avril...

La farce est faite...

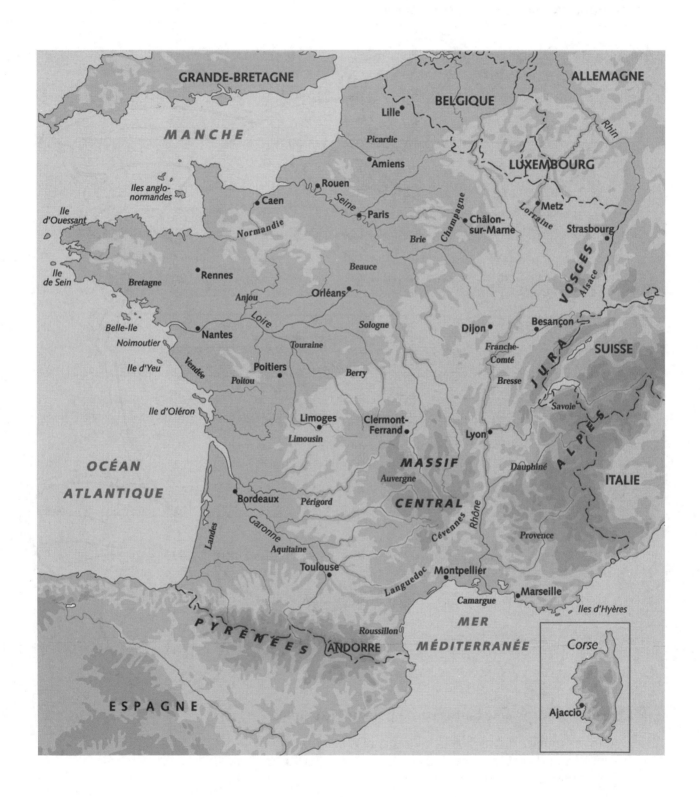

LA FRANCE POLITIQUE

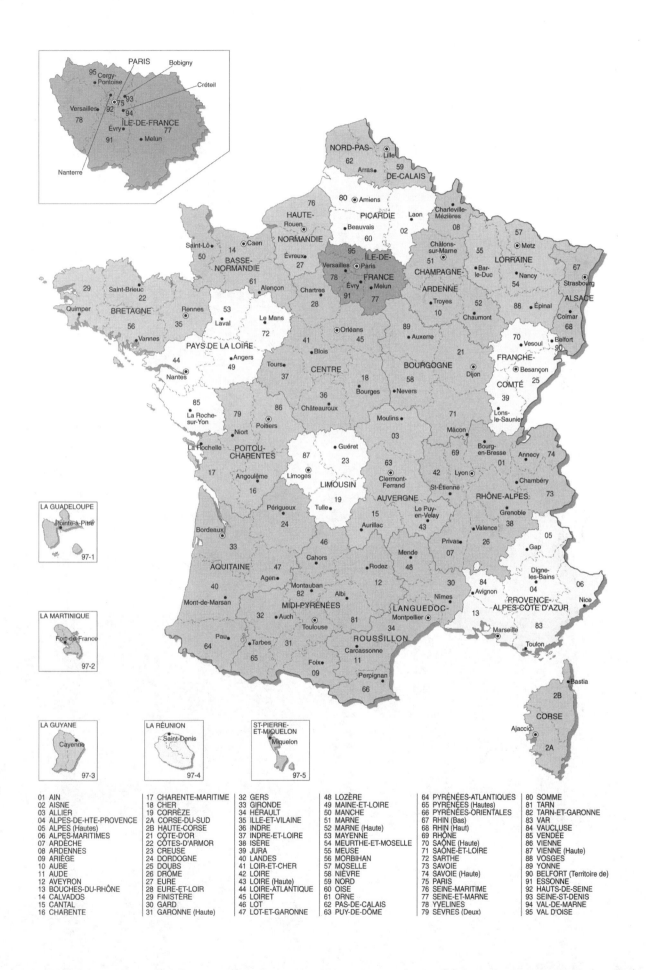

01 AIN	17 CHARENTE-MARITIME	32 GERS	48 LOZÈRE	64 PYRÉNÉES-ATLANTIQUES	80 SOMME
02 AISNE	18 CHER	33 GIRONDE	49 MAINE-ET-LOIRE	65 PYRÉNÉES (Hautes)	81 TARN
03 ALLIER	19 CORRÈZE	34 HÉRAULT	50 MANCHE	66 PYRÉNÉES-ORIENTALES	82 TARN-ET-GARONNE
04 ALPES-DE-HTE-PROVENCE	2A CORSE-DU-SUD	35 ILLE-ET-VILAINE	51 MARNE	67 RHIN (Bas)	83 VAR
05 ALPES (Hautes)	2B HAUTE-CORSE	36 INDRE	52 MARNE (Haute)	68 RHIN (Haut)	84 VAUCLUSE
06 ALPES-MARITIMES	21 CÔTE-D'OR	37 INDRE-ET-LOIRE	53 MAYENNE	69 RHÔNE	85 VENDÉE
07 ARDÈCHE	22 CÔTES-D'ARMOR	38 ISÈRE	54 MEURTHE-ET-MOSELLE	70 SAÔNE (Haute)	86 VIENNE
08 ARDENNES	23 CREUSE	39 JURA	55 MEUSE	71 SAÔNE-ET-LOIRE	87 VIENNE (Haute)
09 ARIÈGE	24 DORDOGNE	40 LANDES	56 MORBIHAN	72 SARTHE	88 VOSGES
10 AUBE	25 DOUBS	41 LOIR-ET-CHER	57 MOSELLE	73 SAVOIE	89 YONNE
11 AUDE	26 DRÔME	42 LOIRE	58 NIÈVRE	74 SAVOIE (Haute)	90 BELFORT (Territoire de)
12 AVEYRON	27 EURE	43 LOIRE (Haute)	59 NORD	75 PARIS	91 ESSONNE
13 BOUCHES-DU-RHÔNE	28 EURE-ET-LOIR	44 LOIRE-ATLANTIQUE	60 OISE	76 SEINE-MARITIME	92 HAUTS-DE-SEINE
14 CALVADOS	29 FINISTÈRE	45 LOIRET	61 ORNE	77 SEINE-ET-MARNE	93 SEINE-ST-DENIS
15 CANTAL	30 GARD	46 LOT	62 PAS-DE-CALAIS	78 YVELINES	94 VAL-DE-MARNE
16 CHARENTE	31 GARONNE (Haute)	47 LOT-ET-GARONNE	63 PUY-DE-DÔME	79 SÈVRES (Deux)	95 VAL D'OISE